Original illisible

NF Z 43-120-10

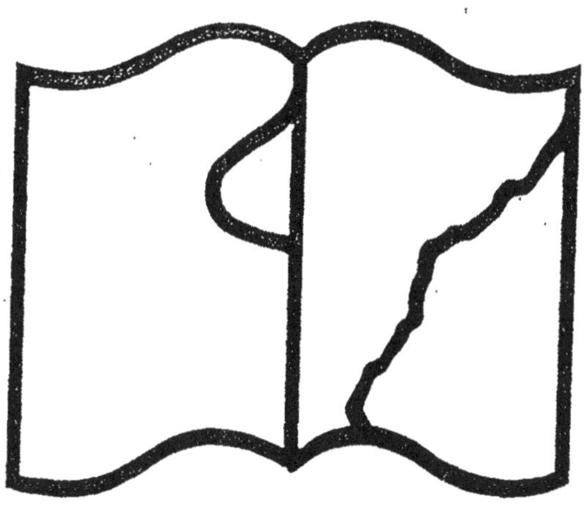

Texte détérioré — reliure défectueuse

NF Z 43-120-11

"VALABLE POUR TOUT OU PARTIE
DU DOCUMENT REPRODUIT".

LES PREM

EXPLORATEUR

DU

SOUDAN ÉQU

ALEXANDRE

AMBROISE ET JUI

PAR

CHARLES

TROISIÈME ÉI

PARIS

LETOUZEY ET AN

17, RUE DU VIEUX-

Tous droits rése

LES PREMIERS

EXPLORATEURS FRANÇAIS

DU SOUDAN ÉQUATORIAL

LES PREMIERS

EXPLORATEURS FRANÇAIS

DU SOUDAN ÉQUATORIAL

LES PREMIERS
EXPLORATEURS FRANÇAIS

DU

SOUDAN ÉQUATORIAL

ALEXANDRE VAUDEY
AMBROISE ET JULES PONCET

PAR

CHARLES BUET

PARIS

LETOUZEY ET ANÉ, ÉDITEURS

17, RUE DU VIEUX-COLOMBIER

LES
PREMIERS EXPLORATEURS
DU SOUDAN ÉQUATORIAL

PREMIÈRE PARTIE

LES SAVOYARDS AU CŒUR DE L'AFRIQUE

I

En aucun siècle, l'amour des voyages ne s'est développé comme en celui que nous voyons toucher à son déclin. On ne parcourt plus le monde aujourd'hui en touriste, pour son plaisir, pour chasser le spleen, dans le seul but de suivre, ennuyé, solitaire, des lieues, des milles, des verstes ; on voyage en savant, en archéologue, en zoologue, en naturaliste, en philosophe parfois.

La France a beaucoup d'admiration pour les

découvertes que font les explorateurs étrangers,
mais elle se montre trop indifférente à l'égard
de ses propres enfants. C'est un grand tort et
un mauvais sentiment. Il faut que nous ayons
plus de respect et plus d'estime pour ceux qui,
nés chez nous, ont travaillé un peu pour nous,
beaucoup pour la civilisation, qui n'a point de
patrie. En reconnaissant la valeur d'hommes
tels que Speke, Grant et Livingstone, il est bon
que nous accordions quelque attention à ceux
qui ont agi dans le même but, avec des moyens
plus restreints, et qui d'ordinaire n'ont qu'une
réputation limitée, parce qu'ils sont trop modestes et que notre nation n'aime pas la modestie.

On nous saura gré d'entreprendre une répa-
ration partielle, en faisant connaître ici les
voyages et les travaux d'exploration de Vaudey
et de ses neveux, Ambroise et Jules Poncet, tous
les deux morts à peine arrivés au terme de la
jeunesse, usés par les fatigues, les souffrances,
la maladie. C'est que, dans les pays qu'ont
explorés ces trois intrépides voyageurs, on ne
rencontre que des ennemis : les hommes, les
animaux ; ceux-là souvent plus féroces que ceux-
ci. En outre le climat tue.

Puisque de nos jours on s'occupe si volontiers de vulgariser la science, pourquoi ne chercherait-on pas à populariser les noms des émules de Livingstone, de Baker, de Heuglin ? C'est ce que nous voulons faire, en écrivant cette courte biographie du premier explorateur du haut fleuve Blanc et des deux seuls explorateurs de l'immense bassin qui s'étend à l'ouest de ce fleuve, un peu au-dessus de l'équateur, de ceux enfin à qui M. Guillaume Lejean écrivait :

« Vous connaissez la fameuse découverte de Speke et Grant. Les Anglais en font grand bruit, et disent que les sources du Nil sont trouvées. Ce n'est pas exact. La question est déplacée, mais son *résolue*. Speke a constaté à l'ouest du Nyanza l'existence d'un grand lac qu'il appelle le N'sigé, et que *votre carte a signalé la première sous le nom de Toumé*. »

Le 7 septembre 1851, M. Alexandre Vaudey, proconsul de Sardaigne en Égypte, et ses deux neveux, Ambroise et Jules Poncet, âgés l'un de seize ans, l'autre de treize, s'embarquaient à Marseille sur le paquebot le *Louqsor*. M. Vaudey, jeune encore, habitait l'Égypte depuis 1838. Il avait été successivement professeur aux écoles

du gouvernement, précepteur des princes, fils de
Méhémet-Ali, secrétaire du conseil de santé. A
l'avènement d'Abbas-Pacha, il s'était trouvé
sans emploi, comme tous ses collègues européens. Il avait alors fait un voyage au Kordofan;
puis, ayant gagné quelque argent dans le commerce des gommes, il était venu embrasser sa
vieille mère et ses sœurs, qui habitaient la petite
ville de Saint-Jean-de-Maurienne, en Savoie,
d'où il était originaire.

A la même époque, il fit un voyage et un
séjour à Londres, et c'est à ce moment qu'il
écrivait au président de la Société Britannique de
géographie la lettre suivante, qui est, on le
verra, d'une haute portée.

« A MONSIEUR LE PRÉSIDENT DE LA SOCIÉTÉ ROYALE

DE GÉOGRAPHIE.

« Londres.

« Je vous soumets mes deux projets pour le
Soudan. Comme la question commerciale qui
les a inspirés ne saurait, dans ma pensée, être
séparée de la question scientifique, je prends
la liberté de vous les présenter tels que je les

ai conçus. Vous verrez que la géographie, comme la civilisation et le commerce, aurait beaucoup à gagner à leur réalisation.

« Je veux tâcher de pénétrer dans le Darfour.

« Depuis Brown, qui l'a parcouru en 1795, aucun Européen n'a pu y entrer. Vous savez, monsieur le président, que le Darfour est gouverné par un prince nègre et ne dépend nullement du vice-roi d'Égypte, Afin d'éloigner autant que possible les chances d'attaque de la part des Égyptiens dont le voisinage était à craindre pour ses États le sultan de Darfour a pris il y a une trentaine d'années, les mesures suivantes :

« 1° Il ne permet à aucun individu de race blanche l'entrée de son pays. Cependant ceux qui y vont ne sont nullement maltraités ; il les établit, leur donne de quoi vivre, mais il les retient prisonniers parce qu'il craint que leurs rapports n'ammènent une invasion chez lui.

« 2° Il paye de temps à autre à la Porte Ottomane un tribut en signe de vasselage pour que, au besoin, elle le protège contre les attaques de l'Égypte.

« 3° Il a défendu sous peine de la vie l'entrée de ses États par la province de Dongolah. Cette

route est la seule par laquelle il puisse être attaqué. En effet, la distance de Cobbé, sa capitale,
au Nil de ce côté, n'est que d'une douzaine de
journées de marche. Dans ce trajet on trouve trois
fois de l'eau, et comme le désert y est couvert
de végétation, les chameaux, trouvant de quoi
brouter, pourraient porter la charge complète,
qui est de trois quintaux métriques environ.

« Depuis une trentaine d'années, époque où les
Égyptiens se sont emparés du Soudan, le Darfour ne communique avec l'Égypte c'est-à-dire
avec l'Europe, que par le désert de Selimeh qui
aboutit à Siout. Il faut à une caravane deux
mois et plus pour le traverser. Le tiers des chameaux de transport meurent en route. Toutefois,
la charge de marchandises qu'on leur met n'est
que d'un quintal métrique au plus, sans compter
l'eau et le grain servant pour leur nourriture,
car ce désert est presque partout aride. Les
deux autres tiers de ces animaux arrivent tellement exténués qu'on ne peut plus en retirer
aucun service et qu'on les vend à Siout à vil
prix. La fatigue et les privations font périr également un nombre considérable des malheureux
esclaves que cette caravane traîne à sa suite.

« On ne retire actuellement du Darfour que
de l'ivoire, des esclaves et de la poudre d'or.
La gomme, le natron, ne peuvent pas en être
emportés à cause des difficultés de la route qui
en rendraient le prix trop élevé. Quant aux objets
manufacturés de l'Europe qu'on y importe,
tels que toiles, verroterie, quincaillerie, etc.,
les frais de transport sont tellement coûteux
qu'ils les mettent hors de la portée des fortunes
médiocres et que les grands du pays sont seuls
à en faire usage.

« Une autre déplorable conséquence de la fermeture de la route entre le Dongolah et le Darfour, c'est la ruine de la province de Dongolah.

« En parcourant cette province qui, autrefois,
était la plus riche du Soudan, on trouve un
nombre considérable de villages entièrement
abandonnés, d'autres dont les habitants sont dans
une effrayante misère. Les populations ne ces-
sent d'émigrer malgré les précautions que l'on
prend pour les en empêcher. Des villages entiers
se sont transportés dans le Sennar, d'autres dans
le Kordofan. Il est vrai que les dilapidations de
quelques gouverneurs ont un peu contribué à
amener ce résultat, mais ce pays aurait pu se

relever parfois si le mal n'avait pas sa source ailleurs. La véritable cause de la ruine de cette province, c'est que l'ancien débouché de ses produits n'existe plus. Le Darfour ayant cessé de les recevoir, les toiles et les dattes du Dongolah se consomment sur les lieux et se vendent à vil prix. Une pièce de toile d'une quinzaine de mètres de longueur sur un demi-mètre de largeur, pesant près d'un kilo, se vend 1 fr. 50; cent kilos de dattes, 2 francs.

« Il serait facile, cependant, de remédier à cet état de chose, de donner du développement au commerce que l'Europe fait avec ces contrées et d'obtenir l'autorisation de s'y établir. Il suffirait pour cela de rassurer le sultan de Darfour contre les attaques de l'Égypte. A cette condition il rouvrirait lui-même l'ancienne voie de communication avec le Dongolah dont la fermeture est tout aussi préjudiciable à son pays qu'à cette province. Aujourd'hui l'Égypte n'est plus dans des conditions de conquête. Elle dépend de Constantinople d'une manière absolue. Que le sultan Abd-el-Medjid garantisse au sultan de Darfour la libre possession de ses États au moyen d'un firman et l'ancieune route se rouvrira et il rendra ainsi la vie à deux provinces de son empire et ouvrira un débouché nouveau aux produits de l'Europe et un chemin à la civilisation pour pénétrer dans le centre de l'Afrique.

« Ce firman, l'ambassade de Sardaigne l'a demandé pour moi à Constantinople; si cette demande était appuyée par l'Angleterre, il serait, je crois, facile de l'obtenir. Il convient à l'Angleterre plus qu'à toute autre puissance de chercher à ouvrir des debouchés dans ces contrées, parce que, en résumé, c'est à elle seule qu'en doit venir tout le profit, aucune puissance ne pouvant soutenir la concurrence qu'elle fait par le bon marché auquel elle livre ses produits, qui, seuls, aujourd'hui pénètrent dans le centre de l'Afrique.

« Si des raisons du ressort de la politique m'empêchent d'obtenir le firman qui doit m'ouvrir le Darfour, je tournerai mes vues vers le fleuve Blanc, je tâcherais de m'établir, de fonder un comptoir sous le 4ᵉ degré de latitude nord. La population des Behrs qui habite cette zone est d'un caractère très doux. Déjà leur sultan qui a fait un voyage jusqu'à Khartoum a appris à dis-

tinguer les Européens des Turcs. Sous le rapport
du commerce cette entreprise serait peut-être
plus avantageuse que la première. Depuis dix ans,
chaque année, au mois de novembre, il part
de Khartoum, une expédition envoyée par le
gouverneur égyptien vers ce point. Les produits étaient au commencement de cinq cents
quintaux d'ivoire, mais la mauvaise foi que les
Turcs ont mise dans leurs relations, plusieurs
actes de cruauté, et diverses razzias qu'ils ont
faites sur les bords du fleuve, ont amené pour
résultat que beaucoup de villages s'éloignent
des rives lorsque vient l'époque où arrivent les
barques, et que les produits, au lieu d'augmenter,
ce qui aurait eu lieu si les transactions avaient
eu un caractère de probité, ont maintenant
diminué de la moitié.

« L'exécution de ce projet rencontre des obstacles de la part du gouverneur général du Soudan,
qui prend une grande part dans les bénéfices
que rapportent les expéditions. On a confié
depuis deux ans ce poste élevé à un homme qui
se faisait déjà remarquer en Égypte par sa
haine contre les Européens ; se trouvant maintenant loin de tout contrôle il se livre sans rete-

nue aux inspirations de cette haine et la communique à ses subalternes. Cependant, je suis convaincu qu'un fort appui, tel que celui que l'Angleterre peut prêter auprès du vice-roi d'Égypte, aplanirait toutes les difficultés.

« Il est inutile, monsieur le président, que je fasse ressortir les avantages qu'il y aurait pour la géographie à séjourner chez les Behrs; la découverte des sources du vrai Nil en serait la conséquence immédiate.

« Pour le commerce, j'ai ceci à dire qu'il n'y a pas sur le globe de point qui promette de plus vastes résultats. Les magnifiques ruines des monuments de l'ancienne Égypte qui font l'admiration du monde prouvent que ce pays était riche. Cette richesse, c'est le commerce qui la prouverait; la conquête n'a jamais enrichi aucun peuple, et un commerce se faisait par le Nil qui est la grande artère de l'Afrique. Jusqu'où s'étendait-il? Nous l'ignorons encore. Ce que l'on sait, c'est que les Behrs, sous le 4e degré de latitude ont dans leurs usages et leurs mœurs quelque chose qui rappelle ce que dit Hérodote des usages et des mœurs des anciens Égyptiens et qu'ils en étaient peut-être une colonie. Les informations que j'ai prises de Tacrouris confirment ce qui a été écrit par Mgr Fresnel, que sous le 10° le Nil reçoit le Missaled ou Kailak qui provient du lac Fitri et que, pendant le *kariffé* le lac Fitri communique avec le Tchad par le Bahr-el-Gazal.

« L'un et l'autre de mes projets méritent l'appui de l'Angleterre ; elle seule peut bien les comprendre et en voir toute la portée. Je réclame donc votre appui, monsieur le président, pour la question géographique, et celui de lord Palmerston dans l'intérêt du commerce.

« Je vous écris bien à la hâte. Veuillez m'excuser. J'aurais préféré avoir l'honneur de vous exposer mes projets de vive voix. Si vous avez des observations à m'adresser, je resterai encore à Londres pendant quelques jours. »

« A. VAUDEY. »

Vaudey nourrissait depuis longtemps le projet de pénétrer dans les régions du centre de l'Afrique et de tenter d'aller au delà du Soudan égyptien, afin de trouver les sources du Nil. Il voulut emmener avec lui ses deux neveux, dont il comptait achever lui-même l'instruction, fort

incomplète. On comprend quelle lutte il eut à
soutenir avec leur mère ; mais tant d'arguments
militaient en sa faveur, qu'il finit par l'emporter.

M. Vaudey avait acheté des verroteries de
Venise, des armes de Liège ; son expédition,
composée d'un nombre considérable d'hommes,
l'attendait au Caire. Il y arriva peu de temps
après son départ de Marseille, après un court
séjour à Alexandrie. Il acheva promptement ses
préparatifs. Il avait hâte d'arracher ses neveux
au contact dangereux de la prétendue civilisation
orientale. Il les aimait, et n'avait que trop souvent occasion de rappeler la belle maxime de
Juvénal : *Maxima debetur puero reverentia*. Au
contraire des hommes chez qui l'imagination
domine le jugement, il se montrait rigide et
sévère : il obligeait ses neveux à un travail soutenu, au point que, durant quatre ou cinq mois
consécutifs, ils passaient de deux nuits l'une au
travail. Ils avaient à peine commencé leur éducation lorsqu'ils quittèrent la Savoie. Ils reçurent
alors une instruction appropriée aux entreprises
qu'ils allaient tenter. Doués d'une intelligence
supérieure, ils s'assimilèrent rapidement les
éléments du savoir.

A la fin de mars 1852, M. Vaudey, Ambroise et Jules Poncet partirent du Caire sur une *dahabieh*, longue barque pontée, dont les voiles jaunâtres s'harmonisent avec l'azur transparent du ciel et la teinte gris cendré des eaux. Leur barque devait remonter jusqu'à la première cataracte, à Assouan.

Il y a longtemps que l'on s'occupe de la découverte des sources du Nil, malgré les immenses difficultés qu'elle présente. Déjà, sous Néron, d'intrépides voyageurs reconnurent, vers le 9e degré de latitude au nord de l'équateur, les grands marais, dont le trait principal est le lac Nô. Au IIe siècle après Jésus-Christ, le géographe Ptolémée affirmait que le Nil a ses sources dans deux lacs placés sous le même parallèle. Pigafetta, au XVIe, les plaçait aussi dans deux lacs. Enfin, en 1840, Méhémet-Ali envoyait vers le sud une expédition qui retrouvait les immenses marécages signalés sous Néron, et remontait le Nil Blanc jusqu'à Gondokoro.

Sauf quelques erreurs de détail, l'opinion de Ptolémée se trouvait de tous points véridique. Le centre du continent africain est occupé par de grands amas d'eau: le lac N'gami, découvert

le 1ᵉʳ août 1849. par David Livingstone ; le lac
Chirom, le Nyassa des Marawis, découvert par
le même, en 1859 ; les lacs Tanganyka ou
Tangueguika et Kéréoué, que Burton et Speke
reconnurent à la même époque ; l'Albert-Nyanza
ou Luta-N'sigé, dont la science doit la découverte à sir Samuel Baker. Or, d'après l'opinion
de ce dernier, le Victoria-Nyanza et le Luta-
N'sigé sont les deux sources du Nil.

Le Nil ! Quels souvenirs ce nom éveille !...
En voyant cette large nappe d'eau grise couler
à pleins bords, avec un sourd grondement qui
révèle ses profondeurs, entre deux rives cou-
ronnées d'acacias et de sycomores, à travers
lesquels apparaissent des minarets sveltes,
entourées de galeries ajourées, et s'élançant
hardiment dans l'espace, le poète se reporte à
quelques milliers d'années en arrière. Alors il
lui semble voir glisser une barque semblable à
celles dont parle Pline, et qui étaient faites de
papyrus, de joncs et de roseaux. Mais l'urœus,
symbole de la royauté, brille en traits d'or sur
les bordages peints en bleu céleste. Sous un
dais à lambrequins chargés de pierreries, se

drapant sur des courtines de pourpre, la reine
Aah-Hotep, à la couronne blanche, épouse
favorite du roi Khepa-Kames, dort nonchalam-
ment étendue sur des coussins brodés. Son front
est ceint d'un diadème richement émaillé, que
surmontent deux sphinx. Une chaine de scara-
bées d'or pare son cou avoréen ; ses bras sont
ornés de bracelets en forme de serpents à tête
d'épervier.

Auprès d'elle on aperçoit le bâton de comman-
dement : crosse d'ébène avec des spirales d'argent. Deux noires filles de Nubie agitent derrière
elle le *flabellum* en plumes d'autruche, sur la
face duquel on voit le dieu Choùs acceptant
l'offrande des rois. Un enfant tient à la main un
miroir, dont le manche imite la tige et la fleur
épanouie du papyrus.   . .. .

Mais pourquoi songer à ce qui n'est plus
depuis dix-sept siècles? Serait-ce que nous nous
souvenons du cercueil et des bijoux de la reine
Aah-Hotep, que nous avons contemplés au musée
de Boulacq?

II

Ambroise et Jules Poncet prenaient un extrême
plaisir à ce voyage, dont leur nature naïve et
poétique leur révélait toute la beauté. Suivons-
les sur le fleuve sacré, dont ils ont depuis lors
parcouru les rives durant dix-huit années.

Du Caire à Assouan, ils purent voir se déve-
lopper devant eux, sur les deux rives du grand
fleuve, les ruines antiques qui se suivent sans
interruption des pyramides au fond de la haute
Égypte : Memphis, Thèbes aux cent portes,
Louqsor, Karnack, leurs pylônes, leurs gigantesques colonnades, leurs salles colossales, les
sphinx, les temples. Ils furent terrifiés en voyant
l'hypostile de Karnack avec ses trente rangées
de colonnes, mesurant près de quatre mètres de
diamètre, et dont les chapiteaux monolithes
pourraient supporter sur leur plate-forme cent
hommes. Puis c'étaient les soixante rois du
palais de Mœris, le temple du dieu Choùs, et,
au delà de la seconde cataracte, les ruines

d'Hermontis, d'Esneh, d'Edfou, de Kom-Ambos,
de Philœ, de Debond, de Kartus, de Kalabché,
de Talmis, de Dandour, de Ghirch-Hussein, de
Pselùs, de Maharakka, de Séboua, de Déer,
d'Ibinn, et, tout près des rapides d'Ouadi-Alfa,
les cavernes immenses d'Ipsamboul.

Nos voyageurs abandonnèrent leur dahabieh
à Assouan, où elle devait attendre la crue du
fleuve pour remonter à travers les cataractes
jusqu'à Khartoum. Ils se dirigèrent, eux, avec
leurs marchandises, vers cette dernière ville,
par la voie de Dongolah. Ambroise Poncet resta
dans cette capitale de l'Ordeh, afin d'écouler des
marchandises dont la vente n'aurait pas été possible sur le fleuve Blanc, M. Vaudey et son
neveu Jules arrivèrent à Khartoum sur la fin de
juin. Ils y passèrent quatre mois à faire de nouveaux préparatifs.

Khartoum, point de départ de nos excursions,
dit Jules Poncet dans ses notes sur le fleuve Blanc,
est une des villes les plus modernes de notre
époque, qui compte à peine quarante-cinq ans
depuis la conquête des Turcs. Elle contient environ vingt-cinq à trente mille habitants. Toutes
ses maisons, qui sont placées les unes à côté des

autres sans aucune symétrie, sauf deux ou trois,
sont construites en briques crues. Elles doivent
être réparées chaque année au commencement
de la saison des pluies, qui commencent sous
cette latitude (15° 30′ environ) à la fin de juillet
et finissent dans le courant de septembre.

Il ne tombe ordinairement à Khartoum que
quatre à cinq pluies, toujours accompagnées ou
précédées d'un grand orage. Cette ville est placée au confluent du fleuve Blanc avec le fleuve
Bleu.

Il est probable que c'est à cause de cette position qu'on lui a donné le nom de Khartoum, qui
signifie en arabe cartilage du nez; elle n'a point
de quai d'aucun côté. Des troncs d'arbres placés
perpendiculairement et très négligemment en
certains endroits en tiennent lieu; en sorte que
tôt ou tard on la verra disparaître en entier ou
en partie avec le courant du fleuve Bleu. Peut-
être alors que le gouvernement si indolent y
songera. La population de Khartoum forme environ sept classes différentes, savoir :

Les Européens; elle compte vingt à trente
personnes. dont la plus grande partie fait le
commerce du fleuve Blanc. ou de Khartoum au

Caire. Le climat leur étant contraire, ce nombre reste toujours le même. S'il en meurt quelques-uns, ils sont bientôt remplacés par d'autres qui viennent ordinairement du Caire.

Les Turcs qui sont en aussi petit nombre; ce sont ou des employés du gouvernement ou des réformés par Saïd-Pacha, lors de sa visite au Soudan.

La troisième classe se compose de négociants arabes en plus grand nombre. Ils viennent presque tous de la haute Égypte; ils trafiquent au Caire, à Saouakim, Guellebat, Fazoglo, Gouli, au Kordofan et au Darfour.

Les Cophtes, aussi en petit nombre. Il sont comme dans tout le Levant, écrivains de profession.

Les Faquis ou Faguirs, qui font pour vivre l'école aux enfants, et fabriquent des talismans pour ceux qui y croient; ils se livrent quelquefois à des spéculations commerciales de peu d'importance.

L'école se fait quatre fois par jour, c'est-à-dire par chaque vingt-quatre heures. Le matin, de huit heures jusqu'à neuf heures et demie, et d'une heure de l'après-midi jusqu'à trois, en–

suite, depuis le coucher du soleil jusqu'à huit heures du soir, et, la quatrième fois, de quatre heures du matin jusqu'au lever du soleil.

Les écoliers de Khartoum payent à leur maître dix paras par semaine, sans compter les deux cadeaux qu'ils doivent lui faire à chacune des deux fêtes de l'année.

Dans presque tous les villages on procède différemment. Le plus grand Faqui du village a généralement ce qu'on appelle un Kalloua; c'est une hutte séparée qui sert à la fois pour l'école et pour la prière, et même pour recevoir des étrangers. Il y installe un Faqui pauvre auquel il donne trente piastres par mois pour qu'il enseigne la doctrine du Coran aux enfants. De cette manière il s'attire les cadeaux aussi bien que la bienveillance de tout le monde.

La plus grande partie de ces Faquis ont la prétention (et sont crus comme tels) de guérir même les maladies les plus graves en écrivant quelques lignes sur un morceau de papier, avec lequel on doit se parfumer suivant le genre de maladie, ou le mettre simplement au bras ou l'attacher aux cheveux.

Leur sainteté ne les empêche pas non plus de

se livrer à un autre métier qui n'est pas moins lucratif.

Le plus souvent ils ont une plus ou moins grande quantité de jeunes et jolies négresses qui, par ordre de leur maître, demeurent séparées et sont à la disposition du public, spécialement des voyageurs. Ce maître reçoit de chacune trente piastres égyptiennes par mois, et leur laisse le surplus du profit pour leur entretien.

Cette classe des Faquis n'est que trop nombreuse. A elle seule elle égale à Khartoum les quatre classes précédentes.

La sixième classe se compose d'ouvriers égyptiens en petit nombre qui, pour la plupart, sont cafetiers, boulangers, cordonniers, teinturiers ou armuriers ; enfin la septième classe qui est la plus nombreuse et égale au moins toutes les autres, est un mélange de Dongalaouis, de Chaquis, de Djaallin et de soldats nègres réformés, ou pour mieux dire renvoyés du service. Les deux tiers de ces derniers font les fonctions de soldats ou de matelots pour les expéditions sur le fleuve Blanc. On les payait, il y a sept ou huit ans, vingt-cinq piastres

par mois, tandis qu'aujourd'hui (1868) on leur
donne quarante-cinq piastres.

L'autre tiers est composé de Messabbebinn
(petits marchands ambulants) qui achètent le
plus souvent à crédit, à six ou douze mois de
terme, des marchandises, tels que fardehs, drap
blanc bordé d'une lisière rouge ou bleue pour les
deux sexes, soomitts, agates, groufle (clous de
girofle), bois de sandal, bouteilles vides, du
fetena, du madjemoue, huiles odoriférantes qui
viennent de l'Hedjaz. En général, la vente de
ces marchandises se fait sur le haut fleuve Bleu
ou le Kordofan, en passant d'un village à un
autre, sans jamais dépenser, l'hospitalité étant
en grand usage dans ces contrées ; aussi ces
marchands font-ils toujours de bonnes affaires
et, au bout d'un an, ils reviennent chez eux. Ils
sont presque tous Djaallin.

D'un caractère altier, mais énergique et loyal,
Vaudey eut des luttes fatigantes à soutenir. Il y
avait alors à Khartoum un voyageur que nous
appellerons M. Z.... qui, suivant la jolie phrase
de M. Guillaume Lejean, faisait des bénéfices
quand il le pouvait, et des bonnes actions quand
il en avait le temps. Comme Vaudey, il se livrait

au commerce de l'ivoire, des gommes, en un mot des produits du pays.

Fût-ce la passion de la concurrence, la vanité de surpasser un homme plus hardi, plus entreprenant que lui, et dont l'œuvre était moins personnelle que la sienne, toujours est-il que M. Z... suscita à Vaudey les plus détestables querelles. Il était surtout jaloux de ce que Vaudey, de qui les travaux patients attiraient l'attention du gouvernement sarde, avait été nommé proconsul de Sardaigne : ce qui lui donnait une situation très honorable, en même temps qu'une autorité réelle sur la colonie européenne de Khartoum.

Voici, d'ailleurs, ce que Vaudey écrivait, le 17 novembre 1853 : « Il y a un an, le gouverneur général du Soudan s'étant, en public, conduit à mon égard de telle manière que, en ma qualité de proconsul, j'aurais été répréhensible si je l'eusse supporté, ce pacha, pour se venger, quelques jours après, m'a accusé d'un assassinat sur un de mes domestiques. Tous mes gens ont été mis en prison et torturés pour qu'ils m'accusassent. Mon cuisinier seul s'est laissé effrayer, et a dit ce qu'on voulait lui faire dire. Peu de jours après, devant les principaux du

pays, il s'est rétracté. En apprenant ce qui s'est
passé, le vice-roi d'Égypte a destitué le gouverneur général. A mon retour du fleuve Blanc.
M. Z...., espérant que ce pacha remporterait la
victoire contre moi, s'est emparé de cent quatre-
vingts quintaux d'ivoire que Jules et moi sommes allés chercher chez les sauvages (environ
cent mille francs), et de vingt mille francs de
titres de crédit que je lui avais confiés. La destitution du pacha l'a décidé à me rendre une
partie de mon avoir. »

Dans une lettre datée de sa dahabieh, à Ouad-
Lhellaï, le 11 décembre 1853, la dernière lettre
qu'il écrivit à sa mère, il revient encore sur
cette affaire. Que l'on nous permette de repro-
duire cette lettre intéressante. On a souvent dit,
non sans raison, que le style c'est l'homme :

« Chère maman, chère Joséphine,

« Je m'arrête au dernier village du gouvernement d'Égypte pour vous écrire et ce soir je
serai déjà chez les sauvages. Je vous envoie
deux lettres d'Ambroise et de Jules; elles vous
diront les chagrins que nous avons éprouvés et
qu'ils ignorent le malheur qui nous a frappés, le

plus sensible. Je soustrais les lettres, que ces
pauvres enfants doivent à leur mère dont je n'aurai peut-être jamais le courage de leur apprendre
la mort. Ambroise m'a précédé il y a vingt jours
dans une bonne barque neuve accompagné de
soldats bien armés. Il est bien portant. L'air du
Soudan lui convient parfaitement, il n'a plus
repris la fièvre. L'air d'Europe lui serait contraire. Celui d'Égypte même lui est nuisible, car
il y a été malade pendant le voyage qu'il vient
de faire. Je ne puis en dire autant de Jules :
pendant la saison des pluies, il a pris la fièvre
cette année et n'en est jamais bien guéri. Aussi
me suis-je bien gardé de l'emmener avec moi.
Je l'ai envoyé avec deux domestiques à Berber,
ville à l'entrée du Denit où l'air est meilleur
qu'à Khartoum : il y était allé il y a un mois avec
une barque à la rencontre de son frère et en
était revenu guéri. J'espère qu'il ne tardera pas
à se remettre complètement. Pour moi je suis
toujours dans le même état de santé, et quoique
peu robuste, supportant mieux que les autres les
fatigues, les variations de climat et peut-être
même les chagrins. Je t'ai dit dans un billet que
j'ai mis il y a quelques jours dans une lettre que

j'ai écrite à M. Francoz, qu'un Pacha, qui
avait voulu nous faire passer le médecin en
chef de l'armée et moi pour des assassins
de mon domestique, avait été destitué; que
le médecin a été réintégré dans ses fonctions,
et que malgré mes ennemis je suis toujours
proconsul de Sardaigne; les détails de toute
cette affaire qui a eu lieu il y a plus d'un an
sont parfaitement connus au Consulat général
et au Ministère des affaires étrangères, qui non
seulement m'ont soutenu, mais ont refusé
d'accepter ma démission, que j'avais eu l'imprudence d'offrir, parce que ce proconsulat ne me
vaut aucun profit et m'a attiré toutes sortes de
désagréments. Si quelqu'un me calomnie à ce
sujet, il n'y a pas de meilleure réponse à faire.
Après avoir été menacé dans mon honneur, je
l'ai été dans mes intérêts par M. Brun [1], qui,
après avoir donné l'hospitalité à moi et à tout
ce que je possédais, m'a chassé de chez lui en
gardant mon argent et mes marchandises. Alors
le Pacha n'était pas encore destitué : il espérait
s'entendre avec lui pour recommencer le procès
ridicule qui m'a été fait, et profiter de la haine

1. Le voyageur connu sous le nom de Brun-Rollet.

du Pacha pour s'emparer de tout ce que j'avais.
Comme mes qualités consulaires le placent sous
mes ordres, je ne pouvais ni agir moi-même, ni
faire agir contre un de mes nationaux le gouver-
ment local. Il a fini par se décider à m'abandonner la moitié de ce qu'il me devait lorsqu'il
a vu la destitution du Pacha. Dernièrement, j'ai
pris ma revanche et j'ai fait mettre son avoir
sous séquestre. Depuis vingt ans il fait cette vie
dans ce pays; je croyais, imprudent que j'étais,
que en faveur des services que je lui ai rendus
il ferait une exception pour moi, qui l'ai sauvé
il n'y a pas très longtemps de la honte d'une
faillite : je me suis trompé.

« Je pars avec la barque que j'avais préparée
pour Jules et la mienne. Je vais entrer dans une
branche du fleuve où jamais barque n'a paru.
J'ai trente fusils, quinze soldats, dix domestiques et une quarantaine de matelots. Le fleuve
que je vais explorer s'appelle le Saubat; avec
les forces que j'ai, il n'y a rien à craindre nulle
part, et je pourrai traverser toute l'Afrique. J'ai
choisi des hommes robustes et courageux : ils
ont en moi la plus grande confiance, et j'espère
qu'à l'entrée de ce fleuve inconnu ils ne refuse-

ront pas d'avancer, comme l'ont fait mes gens l'année passée ; chaque capitaine gouverne ses matelots, un sergent gouverne les soldats et mon janissaire, mes domestiques. J'emporte plus de cent quintaux de verroteries pour les sauvages. L'année passé j'ai laissé sept de mes domestiques sur deux points différents. Ambroise est allé voir s'ils sont vivants et s'ils ont fait une bonne récolte d'ivoire. Cette année je compte laisser plus de vingt personnes dans ces parages.

« Adieu, ma chère maman ; ne pleurons plus notre pauvre Franceline [1] ; de ce triste monde les plus à plaindre ne sont pas ceux qui s'en vont mais ceux qui restent. Si ce n'était le désir de te revoir, de t'embrasser encore, qui me soutient, ce que je demanderais à Dieu c'est de ne pas revenir de ce voyage que j'entreprends, je ne sais pourquoi, le cœur triste et plein de mauvais pressentiments. Adieu ma petite Fine [2], prends soin de notre maman, il ne nous reste qu'elle au monde. Je vous embrasse de cœur et d'âme. »

« A. VAUDEY. »

1. Mme Poncet, mère de Jules, d'Ambroise, et de Mme Charles Buet.
2. Mlle Joséphine Vaudey.

Vaudey avait cette maladie, rare aujourd'hui, l'immense besoin d'aimer et d'être aimé. D'une droiture de jugement, d'une loyauté de caractère développés encore par son existence aventureuse et solitaire, il avait encore le courage raisonné, prudent, sans bornes, de l'explorateur. Il doutait de la réussite de son entreprise, et il la commençait sans hésiter, n'écoutant ni les pressentiments, ni cette crainte de l'inconnu qui assaille les plus braves.

Il y a quelques années, M. Guillaume Lejean fit un court voyage au fleuve Blanc. Il reçut, à Khartoum, l'hospitalité des neveux de Vaudey, les frères Poncet; et il consacre, dans son récit, quelques lignes à la mémoire de celui qu'il nomme le « hardi et malheureux Vaudey ». « Je n'ai pas connu Vaudey, et n'ai eu, dit-il, que peu d'occasions de m'informer de lui; mais des manuscrits qu'il a laissés m'ont donné de lui l'idée d'une nature intelligente et curieuse. Le premier, je crois, à Khartoum, il se préoccupa de la question des sources du Nil, et il se préparait à entreprendre une expédition au delà des rapides de Garbo et du 4ᵉ degré de latitude nord, quand il périt chez les Barrys. »

I I I

Vaudey se décida donc à commencer le grand
voyage d'exploration qu'il voulait entreprendre
dans un but plutôt scientifique que commercial,
mais sans négliger ses intérêts personnels.

Il envoya en avant son neveu Jules. Le 2 novembre 1852, celui-ci, qui n'avait pas encore
quinze ans, partit à la tête de trois barques, montées chacune par deux hommes armés. Il aborda
à Gondokoro après quarante-huit jours de navigation, c'est-à-dire vers la mi-décembre. Pour
donner une idée de la difficulté que présentait
l'exploration de ces parages encore inconnus,
rappelons que les gens de Poncet prirent pendant un jour entier le Bahar-Zaraf pour le Nil
Blanc. Chemin faisant, Jules acheta de l'ivoire.
On lui donna six défenses d'éléphant pesant
deux quintaux, pour un millier de petits coquillages de la mer Rouge nommés *oueda;* une
énorme dent de cent livres et plus, pour dix
œufs de pigeon, sorte de verroterie blanche. Ce

fut à Olibo, village infime situé à quelque distance de Gondokoro, qu'il jeta l'ancre, Aussitôt qu'il eut abordé au rivage, les nègres vinrent en foule exiger le loyer de la terre et de l'eau que ses barques occupaient. Il fit alors la connaissance de Chauba, roi d'Olibo, et de Niguelo ou Nickla, roi de Belenia.

Celui-ci, fort intelligent, eut quelques années plus tard une fin déplorable. Il se faisait passer pour le plus habile des *kodjours* ou sorciers. Depuis cinq ans, il n'était pas tombé une goutte de pluie sur le pays. Partant, plus de récolte. Les gens mouraient de faim. Ils s'en prirent au sorcier, et le sommèrent d'obtenir du ciel assez d'eau pour chasser la sécheresse. Niguelo exigea force bœufs en payement de ses services. On lui donna tout ce qu'il voulut ; mais la pluie ne vint pas. Alors on se détermina à employer des argument irrésistibles. On fendit le ventre à Niguelo, puis on le jeta dans le fleuve. Son exécuteur hérita de son sceptre de roi et de sa baguette de magicien. La pluie n'en tomba pas davantage ; seulement l'opinion, cette sotte à qui l'on sacrifie trop, se déclara satisfaite. Pangloss n'eût pas manqué de dire après cela que tout va pour le mieux dans le meilleur des mondes!

Jules Poncet trouva encore, à Olibo, M. Andrea Debono, négociant maltais et le missionnaire dom Angelo Vinco, jeune Italien à l'âme ardente, enthousiaste. Ils vivaient ensemble. « L'un, dit M. Poncet, aspirait à faire des chrétiens, l'autre voulait amasser de l'ivoire. » Ce courageux missionnaire italien avait été le premier pionnier de la civilisation chrétienne du Nil Blanc. Il fut obligé, par des persécutions injustes, d'abandonner Gondokoro et de se réfugier à Olibo. Les noirs l'aimaient et le vénéraient. Il mourut. Son nom est resté populaire parmi ces sauvages, qui ont eu à se plaindre tant des Européens. Les poètes des rives du Nil Blanc ont composé un hymne en son honneur, et c'est de ce chant qu'ils accompagnent leurs danses. D'Angelo, ils ont fait Adjïlo :

Adjïlo! Adjïlo!
Ti Belenian!

« Angelo! Angelo, va-t'en à Belegnan. — Il n'y a ici que des maladies. — Non, non, je suis bien ici! — Va-t'en à Belegnan! Là, il n'y a pas de moustiques. — Non, non, je suis bien ici. — Vive, vive Angelo ! »

Durant le séjour de Jules Poncet à Olibo, il s'y passa quelques faits qui furent les préliminaires, non prémédités sans doute, de la catastrophe que nous raconterons un peu plus loin. Un jour, un nègre vint lui demander un de ses drogmans, attendu qu'une caravane était arrivée à Belenia, apportant une grande quantité d'ivoire. Le jeune explorateur s'empressa de lui accorder ce qu'il demandait, et lui fit un cadeau de verroteries. Il convint ensuite avec M. Debono de se partager l'ivoire, sur le refus de dom Angelo d'en accepter une part. Mais un ex-officier de cavalerie, Hassan-Aga, qui se trouvait à Olibo avec ses barques, dans le but d'accaparer les défenses d'éléphant, se hâta de faire appeler les Européens, et leur proposa de s'associer à lui, ce qu'ils refusèrent. Alors il les menaça d'employer la force, et leur déclara qu'il les empêcherait d'acheter aucune défense d'éléphant.

Quelques jours plus tard, la cargaison d'ivoire fut apportée auprès des barques de Poncet, qui, ainsi que Debono, l'acheta en entier. Ils se la partagèrent ensuite, tirant au sort chaque lot. Hassan-Aga, furieux, survint accompagné de domestiques armés, se répandit en reproches amers, s'écriant qu'il allait couper la tête à Debono, qu'il l'envelopperait dans son drapeau anglais et le jetterait au fleuve. Debono supporta sans trop d'impatience les sottes injures de cet homme. Seulement, il crut prudent de se réfugier, pendant quelques jours, sur la montagne de Loguek. Il fit bien, car Hassan-Aga envoya des soldats à Belenia pour s'emparer de lui et le mettre à la raison. Ces soldats eurent diverses aventures : l'un d'eux fut dévoré par un crocodile ; un autre, tué d'un coup de fusil par un serviteur de Debono.

Le temps apaisa cette querelle, en apparence du moins ; ce qui n'empêcha point que, lorsque Jules Poncet fut sur le point de partir, il faillit être assassiné par des noirs qui s'étaient approchés de ses barques en feignant de se battre. Il les chassa à coup de cravache. Ils s'enfuirent, et se vengèrent en mettant à feu et à sang le village d'Olibo, n'épargnant que la maison de dom Angelo, qu'ils disaient fils de Dieu immortel.

On voit par ce récit que rien n'était moins

agréable que de vivre côte à côte avec des civilisés comme Hassan-Aga et des sauvages comme les Barrys [1]. Bandits tatoués et brigand galonné se valaient bien !

Jules Poncet redescendit à Khartoum. Il y trouva son oncle ; mais Ambroise était déjà parti pour Gondokoro, et, le 15 décembre 1853, Vaudey se mit lui-même en route avec trois barques. Toute la colonie européenne l'accompagna jusqu'à un point de la route nommé l'arbre de Moucha-Bey. Ils y passèrent la nuit ensemble.

Le lendemain, Alexandre Vaudey embrassa tous ses amis en leur disant que c'était pour la dernière fois, que ses pressentiments ne l'avaient jamais trompé, et qu'il ne reviendrait pas de cette expédition. Il ordonna ensuite à son neveu Jules d'aller habiter Berber, ville située sur les confins du désert de Korosko, bien au delà de la quatrième cataracte.

Vaudey voulait d'abord, ce qui résulte du rapport qu'il adressait à la Société royale de géographie de Londres, pénétrer dans le Dar-

1. Les mêmes que Vaudey, dans une lettre citée plus haut, appelle : les *Behrs*.

four. A cet époque, et comme il le disait, depuis
Brown, qui le parcourut en 1795, aucun Européen n'avait pu y rentrer. Le Darfour était
gouverné par un prince nègre, qui ne permettait à aucun individu de race blanche l'entrée de son pays, et y retenait prisonniers ceux
qui parvenaient à y pénétrer. Ce fut en voyant
les obstacles insurmontables qui empêchaient
ce voyage que Vaudey tourna ses vues vers le
fleuve Blanc. « Je tâcherai, écrivait-il, de m'y
établir et de fonder un comptoir sous le 4ᵉ degré
de latitude nord. La population des Behrs
(Barrys), qui habite cette zone, est d'un caractère très doux. Déjà leur sultan, qui a fait un
voyage à Khartoum, a appris à distinguer les
Européens des Turcs. »

Depuis dix ans, il partait, chaque année, au
mois de novembre, une expédition envoyée au
fleuve Blanc par le gouvernement égyptien. Elle
en rapportait d'abord cinq cents quintaux d'ivoire
environ, au commencement; mais la mauvaise
foi que les Turcs mettaient dans leurs relations,
les actes de cruauté qu'il commirent, les razzias
qu'ils opérèrent, amenèrent ce résultat que
nombre de peuplades s'éloignèrent des rives, et

que les produits, au lieu d'augmenter, dimi-
nuèrent si bien, qu'ils sont aujourd'hui réduits
de moitié. « L'exécution de ce projet, continue
Vaudey, rencontre des obstacles de la part du
gouvernement général du Soudan, qui s'attri-
bue une large part des bénéfices de l'expédition.
Il est inutile que je fasse ressortir les avantages
qu'il y aurait pour la science géographique à
séjourner chez les Behrs (Barrys) : *la déc uverte
des sources du Nil* en serait la conséquence
immédiate.

Vaudey recommençait donc une expérience
qui pouvait être décisive, en se déterminant à
cette seconde expédition.

Comment accomplit-il son voyage de Khartoum à Olibo?

C'est ce que tout le monde ignore. Il fut
assassiné avant d'avoir pu enrichir la science
de ses découvertes. Sa mort fut accompagnée
de circonstances étranges. Un rapport adressé
au consul général de Sardaigne en Égypte —
on sait que Vaudey avait le titre de proconsul
— parle d'un homme qui, peu de jours avant le
crime, « gorgeait les assassins de victuailles »,
qui, « le lendemain de la sinistre journée, mêlait

à d'hypocrites consolations des atteintes graves
au caractère de la victime ».

Ce qui est certain, c'est que le meurtre resta
impuni. M. Guillaume Lejean, plusieurs années
après, eut occasion de voir le principal assassin.
Voici en quels termes il raconte son entrevue
avec lui :

« Un grand nègre entra dans ma case, posa à
terre son tabouret peint en rouge, complément
obligé du costume barry, s'assit dessus et se
mit à fumer.

« — C'est Medi, me dit le drogman.

« L'homme me regarda de ses yeux mi-clos,
comme pour étudier l'effet de ce nom sur le
maître du logis.

« — Bien, dis-je; mais qu'est-ce donc que
Medi?

« — Medi, c'est le roi du pays, un grand
guerrier; *c'est lui qui a tué Vaudey de sa main.*
Recevez-le poliment, car sans sa protection
vous ne pourrez pas seulement vous procurer
une poule ici.

« — Et que veut-il ?

« — De l'eau-de-vie.

« — Dites-lui que je n'ai que faire des écornifleurs. J'ai besoin d'un mouton : s'il m'en procure un, je le payerai, et Medi aura un plein verre d'eau-de-vie pour sa peine; sinon, non.

« Medi reçut le compliment sans s'émouvoir, promit le mouton, et continua à fumer. Un visiteur m'arriva, et j'oubliai complètement Sa Majesté, qui, au bout d'une demi-heure, voulut reprendre l'entretien :

« — Et l'eau-de-vie?

« — Tu n'es qu'un ivrogne : je n'ai rien pour toi.

« — C'est ainsi qu'on traite *Mata* Medi? Bonsoir. »

« En sortant, il demanda encore de l'eau-de-vie au drogman, qui, voulant le ménager, lui répondit que moi seul je pouvais en disposer, sans quoi il eût été heureux de lui en donner. Medi rejoignit les siens, et résuma ainsi son opinion : — Le drogman est un homme comme il faut, mais le monsieur ne sait pas vivre. — Le soir, mon drogman ayant rencontré un Italien de ses amis, se grisa comme un pacha à mes frais, et proposa d'aller fusiller Medi pour venger Vaudey. »

IV

Il n'est pas inutile de donner ici quelques détails ethnologiques et géographiques sur Gondokoro, où le voyage de Vaudey devait se dénouer par une de ces catastrophes imprévues qu'il est dans le dessein de la Providence d'employer comme un exemple terrible.

Nous avons sous les yeux une belle et très rare photographie de Gondokoro. Ce sont des huttes à toit conique, semblables à des ruches colossales, bâties en amphithéâtre sur une élévation de terrain qui domine le fleuve, et dont la cime est ombragée de grands arbres touffus. La plaine qui s'étend aux alentours semble couverte de bruyères ou de plantes d'une forme et d'un aspect analogues.

Gondokoro était, il y a peu d'années, la limite du monde connu. L'on peut dire encore qu'il est bien peu de gens qui connaissent ce nom : car les privilégiés qui ont pu voir cette capitale d'un pays ignoré, sont bien rares. Cependant il y a aujourd'hui à Gondokoro une église, une sorte de jardin d'acclimatation, un port, où se pressent des bateaux sous pavillons italien, anglais, égyptien, un arsenal.

C'est à la hauteur de cette ville, mais à deux cents lieues à l'ouest, au pied des monts Adélaïde, au bord du fleuve Victor, dans le pays du roi Cagouma, que se trouve le plus reculé des comptoirs fondés par les frères Poncet. Ils sont les seuls Européens qui aient pénétré aussi avant dans cette direction.

Gondokoro est situé sous le 5e degré de latitude nord, par 29 degrés et quelques fractions de longitude, à près de 300 lieues à vol d'oiseau de Khartoum et à peu près à égale distance de Zanzibar. Le climat y est excessivement chaud et fort malsain, à cause surtout des marécages qui bordent le haut fleuve Blanc et ne finissent qu'un peu plus bas vers le 6e degré. Gondokoro est entouré, à une vingtaine de kilomètres, de plusieurs montagnes. Une grande chaîne, d'une altitude de 628 mètres, court au sud-est. De l'autre côté, l'on aperçoit les monts Lado, Kerek, Loguek. Près de celui-ci l'on rencontre les fameux rapides de Garbo.

Les habitations des naturels sont, à Gondokoro, des modèles de propreté. Chaque famille a son domicile entouré d'une haie de l'impénétrable euphorbia ; l'intérieur de l'enclos consiste généralement en une cour, dont le sol est macadamisé avec des cendres, de la fiente de vache et du sable. Sur cette surface soigneusement balayée, on voit une ou plusieurs cabanes. Les habitations sont entourées de greniers construits fort proprement en osier, couverts de chaume, et élevés sur des espèces d'estrades. La toiture des cabanes est en saillie, de façon à donner de l'ombre ; l'entrée a, en général, environ 60 centimètres de hauteur. Lorsqu'un membre de la famille vient à mourir, on l'ensevelit dans la cour. La tombe est consacrée par un poteau auquel sont suspendus des crânes de bœufs, garnis de leurs cornes, tandis que son extrémité est ornée d'une touffe de plumes de coq. Chaque homme porte avec lui ses armes, sa pipe et son tabouret, comme dans la tribu des Cheurs. Les habitants de Gondokoro appartiennent à celle des Barrys ; les hommes sont bien faits, mais les femmes n'ont rien d'attrayant. Les grosses lèvres et les nez épatés, qui constituent le type noir, manquent ici ; les traits sont réguliers, mais la chevelure est laineuse : c'est la seule trace que l'on trouve de l'origine nègre. L'estomac, les côtes et le dos sont tellement tatoués, que l'on dirait qu'ils sont couverts d'un large vêtement d'écailles de poisson, surtout quand les hommes se frottent d'ocre rouge, ce qui est la mode suprême.

Les individus des deux sexes se couvrent de cette ocre, qu'ils mêlent avec de la graisse jusqu'à la consistance d'une pâte : ce qui leur donne l'air de briques nouvellement cuites. Ils ne gardent de leur chevelure qu'une petite touffe au sommet du crâne, et y plantent une ou deux plumes. Les femmes ont la tête généralement rasée. En guise de feuille de figuier, elles portent un petit tablier très élégant, d'environ quinze centimètres de long, fait de perles ou de petits anneaux de fer, travaillés comme une cotte de mailles, et, par derrière, une queue faite de la nières de cuir très déliées ou de ficelle fabriquée avec le coton du pays. Le tablier et la queue sont attachés à une ceinture qui entoure les reins, comme dans la tribu des Cheurs. Les Barrys sont regardés comme les plus redoutables des riverains de tout le Nil Blanc. Ils s'enivrent avec la *merissa*, espèce de bière, qui est leur breuvage favori. Les chefs portent sur l'épaule, en guise d'épaulette, une carapace de tortue terrestre. Quand ils veulent réunir leur peuple, ils font battre de grands tambours nommés *nogaras*. La seule monnaie qu'ils connaissent, c'est le bétail. Cependant ils ont assez le goût de la verroterie [1].

Beaucoup d'Européens vont maintenant à Gondokoro, que sir Samuel White Baker appelle un enfer, pour y exercer le plus infâme commerce. La traite des nègres s'y fait avec un cynisme inouï, malgré toutes les entraves que l'on essaye d'y apporter.

« J'insiste sur ce dernier point, dit M. Guillaume Lejean dans sa relation : car il constitue un de mes principaux griefs contre les négriers, qui ont laissé des souvenirs si néfastes au fleuve Blanc; ils ont encore plus dépravé peut-être que tué, volé et mendié. La négresse, à défaut d'éducation morale, m'a semblé avoir une certaine fierté personnelle, capable de neutraliser même de mauvais instincts. Je la crois supérieure, sous ce rapport, à la femme arabe, et surtout à la

1. Nous citons ici sir Samuel Baker.

Nubienne du Sennâar. Du moins, il y a sept ou huit ans, il en était ainsi ; mais depuis, les marchands d'hommes y ont mis bon ordre : ils ont largement exploité la hideuse misère qui décime les Barrys. Quand j'arrivai à Gondokoro, j'y fus le témoin forcé des plus lamentables spectacles. La barque de D..., appelée, je crois, *Zeil en Nil* (la crue du Nil), me fut signalée comme le théâtre de scènes honteuses à éviter. Je suivis le conseil ; mais, malgré moi, le soir, je dus subir le voisinage d'une orgie soudanienne, car une *bamboulà* effrénée vint rugir et bondir devant la porte de la Mission, à trente pas de la case. Tels sont les enseignements que les fils de Cham reçoivent des enfants réunis de Sem et de Japhet... Aussi les nouveaux venus qui ne se présentent point sous certains auspices, sont-ils mal accueillis à Gondokoro. Ils sont des témoins gênants, et l'on fait de grands efforts pour leur cacher ce qui attirerait aux coupables le mépris du monde entier. »

A dire le vrai, personne encore n'a osé révéler dans tous ses hideux détails le trafic anticivilisateur, les crimes dont ces régions lointaines sont le théâtre. Nous-même devons

laisser à de plus autorisés que nous la tâche de
dévoiler ces turpitudes. La misère des Barrys
est grande à ce point que des mères mourantes,
ne pouvant plus nourrir leurs enfants, allaient
les jeter dans le Nil pour leur épargner les tor-
tures de la faim. Jules Poncet rencontra une de
ces femmes qui allait noyer son enfant âgé de
cinq ans, et emmena le négrillon en faisant à la
mère l'aumône d'une écuelle de maïs.

Parti de Khartoum le 21 novembre, Ambroise
Poncet précéda son oncle de dix-sept jours à
l'escale d'Olibo. Vaudey l'y rejoignit au mois de
février. Jusqu'à la fin de mars ils firent d'impor-
tantes expéditions commerciales sur les territoires de Belenia et de Kindja, théâtre d'une
collision toute récente entre les indigènes et les
barques de M. Brun-Rollet (autre explorateur
savoyard, ennemi acharné de Vaudey, son rival
heureux), qui y avait perdu deux de ses hommes.

Vaudey s'occupait de son grand projet d'exploration. Il ne s'agissait pas moins que de
reconnaître le cours de l'Abyad par terre, jusqu'au delà de l'équateur, et de gagner ensuite
l'océan Indien par Zanzibar. Il avait décidé le
fameux chef Niguelo ou Nickla à l'accompagner

avec un certain nombre de ses sujets. En huit jours, il improvisa des moyens de transport; il acheta des bœufs et les dressa à porter, comme cela se pratique chez les Arabes du Soudan. Ces bœufs suffisaient au charroi des verroteries, des vivres et des munitions nécessaires.

Dans ses opérations commerciales, quelquefois très délicates, aussi bien que dans les prératifs de son voyage, le proconsul avait déployé une activité, une énergie, une prudence de bon augure. Dès la fin de mars, il était prêt à partir pour s'enfoncer dans les mystérieuses régions du Sud. Ambroise Poncet devait retourner à Khartoum, rapportant les brillants résultats de cette expédition, sans compter ceux que devaient produire trois établissements qui allaient être créés à Belenia, chez les Kitchs et chez les Nouairs.

V

Aucun nuage ne troublait leur quiétude; pleins de confiance en l'avenir, ils espéraient en Dieu

et en eux-mêmes. Ils songeaient à la grandeur
et à l'utilité de leur entreprise, se disant que, si
elle réussissait, leurs noms seraient inscrits
parmi ceux des plus intrépides et des plus infa-
tigables explorateurs de l'inconnu. Il faut bien
dire que, en ce temps-là, sauf Livingstone, personne n'avait osé concevoir un projet aussi périlleux, et que Vaudey se faisait le précurseur des
voyageurs illustres qui lui succédèrent.

Le 4 avril, ils contemplaient cette large nappe
d'eau limpide à laquelle ils se disposaient à con-
fier, comme César, leur vie et leur fortune,
lorsqu'ils virent, au nord, se découpant en
triangle d'un blanc éclatant sur l'azur du ciel,
la voile d'une barque qui remontait le courant.

M. Vaudey, en voyant cette barque, dit à son
neveu :

— Je ne sais quel singulier pressentiment
assiège mon esprit : il me semble que cette
barque nous apporte quelque calamité.

D'où lui venait cette idée sinistre? Ambroise
et lui étaient en excellents termes avec les noirs
d'Olibo, ainsi qu'avec les populations voisines
des rapides. Ils avaient évité toute querelle,

échappé aux avanies que l'on prodiguait ordinairement aux Européens. Deux fois, pourtant, ils s'étaient vus obligés de prendre les armes.

Alexandre Vaudey envoyait ses gens, sous les ordres de son neveu, au secours de la mission catholique autrichienne abandonnée depuis un mois par les religieux découragés, et où il ne restait plus que quelques domestiques. Ils réussissaient à protéger ces malheureux, auxquels M. Vaudey refusait la permission de descendre dans ses barques. Il leur donnait des verroteries afin qu'ils pussent acheter des vivres, les défendait contre toute attaque. Il semblait donc qu'ils n'eussent rien à craindre pour eux-mêmes, et cependant M. Vaudey répétait :

— Cette barque nous portera malheur!

Le jour suivant, un sandal, la plus petite de ses embarcations, revenait de l'escale de Longlouglou, où elle était allée tenir un marché d'ivoire. Un négociant turc, associé pour le moment à M. Vaudey, la commandait. Il pouvait être alors quatre heures après midi. Une foule compacte entourait la maison de la mission à Gondokoro, attendant que le supérieur de la mission, dom Ignace Knoblecher, procédât aux distributions de verroterie qu'il faisait habituellement en abondance.

Lorsque la barque passa en vue du village, Mohammed-Effendi, suivant une coutume établie, crut devoir faire tirer quelques coups de fusil en manière de salut.

Hélas! quelques-uns de ses hommes — fut-ce par maladresse ou par calcul? — tirèrent sans précaution, et leurs coups partirent en plein dans la multitude. Un enfant, atteint à la tête par une chevrotine, tomba raide mort; un autre fut blessé à la jambe.

En moins de temps qu'il n'en faut pour le raconter, les noirs firent pleuvoir une grêle de flèches sur le sandal. Mohammed-Effendi mit tout son monde aux avirons et défendit de riposter. En cet instant, un domestique de dom Ignace, qui parlait à l'un de ses camarades, matelot au service de M. Vaudey, s'étant écarté d'une soixantaine de pas, afin de prolonger la conversation, fut assailli et tomba percé de vingt lances. En voyant le déplorable effet de leur maladresse, les gens de Mohammed reprirent leurs armes, et la fusillade s'engagea.

De l'escale d'Olibo, M. Vaudey et son neveu

ne pouvaient voir qu'une partie de ce qui se passait. Quatre ou cinq mille nègres, accourus des deux rives pour avoir part aux largesses de la Mission, se pressaient sur la plage. Vaudey crut qu'ils attaquaient et bloquaient dom Ignace Knoblecher.

Il bourra ses poches de cartouches et s'élança, suivi de quelques hommes, en recommandant à Ambroise de veiller aux barques. Malgré cet ordre formel, le jeune homme se disposait à le rejoindre; mais le réis le retint. Il insista, et, s'emparant du seul fusil qui restât dans les barques, il voulut partir, livrant dahabieh, fortune, équipage, à la merci des assaillants, dont l'attitude devenait de plus en plus menaçante. On employa la force pour le retenir.

Vaudey atteignit le sandal, qui faisait force de rames sous une pluie de flèches. Il s'informa vivement de la cause première de la collision, et courut aux noirs, sans même s'inquiéter d'être suivi, en disant qu'il ne voulait pas qu'on pût dire qu'un homme de la Mission eût été tué par l'imprudence de l'un de ses propres serviteurs, sans qu'il eût raison de ce meurtre.

De la dahabieh sur laquelle était retenu Ambroise Poncet, le jeune homme observait avec anxiété les mouvements de son oncle. Il vit d'abord les noirs s'enfuir devant lui.

Puis M. Vaudey, que trois de ses gens seulement accompagnaient, recula et fit feu. Quelques coups de fusil répondirent à cette première détonation. Repoussés par le nombre, les gens opérèrent leur retraite, suivis de près par leur maître. Ils se précipitèrent sur la berge. Une affreuse mêlée s'ensuivit. Des cris épouvantables retentirent mêlés à des hurlements de rage. Vaudey, assailli de tous côtés par les sauvages, armés de flèches, de lances, de massues, de haches, avait disparu.

... Quelques instants plus tard, les flots du Nil charriaient une quinzaine de cadavres...

Il serait impossible de dire ce qu'Ambroise Poncet éprouvait de colère, de terreur, de désespoir, tandis que ce terrible drame s'accomplissait. Il se trouvait seul, n'ayant pour toute arme qu'un fusil en mauvais état, au milieu d'une centaine de marins ou de domestiques qui se lamentaient, que la peur rendait fous. Aussi les angoisses poignantes qu'il ressentit alors, altérèrent à ce point ses souvenirs, qu'il ne put jamais se rappeler les nombreux épisodes de cette sanglante affaire. Il en vit un cependant. Un malheureux serviteur, après être parvenu à gagner à la nage un îlot où il ne tarda pas à être cerné, s'y défendit avec sa lance jusqu'à ce que son corps fût littéralement hérissé de flèches. Un autre parvint à se blottir derrière un buisson, et, durant les quelques heures qu'il y passa, ses cheveux devinrent entièrement blancs. Il avait à peine vingt-deux ans.

Malgré les recherches que fit Ambroise Poncet les jours suivants, aucun cadavre ne put être retrouvé.

Le massacre consommé, les noirs se massèrent autour des barques. Cette horde, exaltée par le sang répandu aussi bien que par l'espoir du pillage, fut divisée par une violente discussion : les uns voulaient s'élancer immédiatement à l'abordage; les autres, au contraire, préféraient attendre le jour. Ceux-ci finirent par l'emporter, sur l'avis d'un vieillard, qui leur fit observer que la coutume voulait que l'on ne combattît point la nuit.

Une heure après le coucher du soleil, deux

domestiques de **M.** Vaudey, les nommés Daoud et Djamel-Eddin, partis la veille pour Belenian, revenaient à l'escale d'Olibo, sans qu'aucun motif, sinon un pressentiment de la même nature que celui qui s'était emparé de l'esprit de leur maître, les y ramenât. Daoud, ancien domestique de dom Angelo Vinco, était aimé et en même temps redouté des noirs, parce qu'il avait jadis tué un lion. Lui et son camarade portaient un fusil à deux coups. Les noirs, dont ils devaient traverser la multitude compacte pour gagner les barques, cherchèrent à les retenir; mais il leur suffit de montrer leurs armes, pour imposer silence à des instances insolentes.

Daoud vit Ambroise Poncet occupé à ouvrir une caisse remplie de près de cent livres de poudre, qu'il plaça ensuite auprès de son lit, dans le dessein d'y mettre le feu si l'ennemi venait à l'acculer. Chacun proposait son expédient : les uns parlaient de descendre dans les petites embarcations et de s'enfuir, abandonnant barques, matériel et marchandises; d'autres, plus raisonnables, proposaient d'aller se mettre sous la protection de la mission. Ces deux moyens étaient malheureusement impraticables. En outre, Ambroise n'avait pas perdu tout espoir de revoir son oncle revenir à la faveur des ténèbres, tout le monde affirmant qu'il n'avait pas été blessé hors du fleuve. Ne pouvant ni fuir ni songer à une résistance sérieuse, il était résolu à laisser les noirs prendre les barques d'assaut et à se faire sauter avec eux.

Daoud, plus calme, entra en pourparlers avec les noirs, qui, après avoir ajourné au lendemain la reprise des hostilités, s'étaient décidés à passer la nuit sur la berge, pour mieux surveiller les mouvements des assiégés. Ces pourparlers n'aboutirent à rien. Daoud alors émit l'avis que l'on emmagasinât à bord les colis, les caisses, les agrès qui gisaient à terre ; ce qui fut adopté. On éveilla les marins, et l'embarquement s'opéra sans que les indigènes s'en aperçussent. A l'aube, néanmoins, il restait encore sur la plage du grain, du vin, des caisses de collection et environ huit cents kilogrammes de verroteries appartenant à Mohammed-Effendi. Les barques, trop chargées, pouvaient à peine se déplacer, et l'on courait le risque de les voir engagées, sans pouvoir en sortir, dans les méandres du fleuve. Cependant, elles s'éloignèrent de la rive. Aussi-

tôt les noirs se levèrent, poussèrent le cri de la
guerre, et se jetèrent par centaines dans l'eau.
Daoud leur envoya deux coups de fusil, qui en
tuèrent ou blessèrent plusieurs. Effrayés de
cette attaque soudaine, ils se hâtèrent de nager
vers le nord, et de là criblèrent la petite flottille
d'une pluie de flèches ; après quoi ils se ruèrent
sur les verroteries et sur les caisses abandon-
nées, tandis que les Européens faisaient de nouveau feu sur eux, à une distance d'environ
trente pas : ce qui laisse présumer que leurs
pertes furent considérables.

Lorsqu'il ne resta plus rien à voler, ils se
retirèrent. Au moment où ces signes de décou-
ragement se manifestèrent, apparut dom Ignace
Knoblecher, à cheval, sonnant d'un cornet à
piston et suivi de domestiques armés de lances,
Il s'approcha à portée de la voix, et demanda au
jeune Poncet des nouvelles de son oncle. Ambroise, éclatant en sanglots, ne put répondre.
Alors dom Ignace lui annonça qu'il allait obtenir
des noirs qu'ils se retirassent.

Il promit aussi au jeune homme de lui envoyer
deux domestiques retenus chez lui depuis la
veille, et qui, armés chacun de fusils, et excel-

lents tireurs, eussent été d'une grande utilité
durant cette horrible nuit. Deux heures après,
un canot ramenait ces deux individus, nommés
Ali et Abdou.

Six jours se passèrent en efforts inutiles pour
faire franchir aux barques une barre de près de
quatre cents pas, qui obstruait le cours du fleuve.
Agrès et cargaison, il fallut tout mettre à terre.
Enfin, le septième jour, un orage, ayant éclaté
dans la montagne, détermina une crue des eaux.
Ambroise Poncet put quitter ces parages inhos-
pitaliers, après avoir recommandé à dom Ignace
un de ses hommes, que David avait laissé à
Belenian, chez Niguelo.

VI

Ainsi périt Alexandre Vaudey, martyr de son
ardente soif de savoir, de son courage et de sa
bienveillance pour autrui. Cet homme, qui voulait conquérir des royaumes à la civilisation,
n'eut même pas une fosse, et sa dépouille mor-
telle ne fut jamais retrouvée.

Ambroise et Jules Poncet continuèrent les travaux de leur oncle. L'aîné avait à peine dix-sept ans.

Ils se rejoignirent à Khartoum, et se partagèrent le soin d'accomplir les différentes opérations auxquelles ils avaient été initiés. Dans l'intervalle des expéditions annuelles, ils faisaient la chasse à l'éléphant, s'employaient au commerce des gommes sur le haut fleuve Bleu, à Dinder et Rahad. Grâce à leur esprit d'initiative, ils pénétrèrent dans l'intérieur de l'Afrique, suivirent le cours des rivières, et découvrirent de nombreux cours d'eau, de grandes tribus jusqu'alors inconnues : les Momboutous, les Niam-Niams, les Akkas, que l'Allemand Schweinfurth ne visita qu'après eux.

Ils fondèrent neuf *zéribas* ou comptoirs sur le fleuve Blanc et le fleuve Bleu. Ces établissements furent plus tard acquis à un prix dérisoire par le gouvernement égyptien, qui profita de la mort d'Ambroise et de la maladie de son frère pour ruiner ces vaillants jeunes gens, abandonnés sans aucun appui à leur propre initiative. Les chasses à l'éléphant qu'ils introduisirent les premiers dans cette région, l'impulsion éner-

gique qu'ils surent donner au commerce, ont
préparé les voies d'une civilisation nouvelle,
qui doit fait remonter l'Égypte au degré de
richesse et de gloire qui la distinguait dans l'antiquité. Leurs travaux durèrent seize ans.

Énumérer les efforts inouïs que la nature dut
faire chez eux pour surmonter les graves et
continuelles maladies dont ils furent constamment les victimes ; dire l'énergie qu'ils durent
déployer à un âge si tendre, abandonnés à eux-
mêmes, sans guide et sans appui, pour avoir
pu, au milieu de la fange et du désordre qui les
entouraient, se maintenir dans la voie de l'hon-
nêteté chrétienne ; dire les privations, les dangers, les émotions, les déceptions, le souffrances
de toutes sortes, autant morales que physiques,
qu'ils durent subir pendant ces seize ans, c'est
ce dont l'esprit le plus habile et le plus expéri-
menté ne saurait même pas rendre l'écho.

L'âme était grande, forte, énergique, puissante ; mais le corps se voûtait sous le fardeau de
la maladie. La lame avait usé le fourreau.

Ce n'est point impunément que l'on brave les
ardeurs d'un soleil, chaud à ce point, que nos
amis eurent parfois à supporter, sous la tente,

58 degrés de chaleur; que l'on affronte des fatigues sans cesse renouvelées, des périls à l'idée seule desquels nos civilisés frissonneraient.

Né à Briqueras, petite ville du Piémont, en 1835, Ambroise Poncet mourut d'une maladie de cœur, à Alexandrie d'Égypte, le 15 novembre 1868. Il expira entre les bras de sa femme, compagne courageuse et dévouée de sa vie, dont l'abnégation et l'ardent amour pour son époux ne se démentirent pas un seul instant dans le cours d'une union brisée trop tôt, hélas! Il était entouré de ses deux enfants, de sa jeune sœur et de son ami le plus tendre, son frère!

C'est un privilège bien rarement accordé aux voyageurs que d'exhaler leur dernier soupir au milieu de ceux qu'ils ont tendrement aimés...

Ambroise Poncet laissa aux siens, à ceux qui l'ont connu, d'universels regrets. D'un caractère timide et simple, aimant l'ordre, fort de ses nobles sentiments; dans le cercle de l'intimité, plein de cet esprit vif et prompt qui fait le charme de la société, expansif, bon et doux, il ressemblait à ces humbles sources dont le premier aspect n'a rien qui émeuve, mais qui, coulant à

pleins bords, entre des roches escarpées, vont
former au loin dans les plaines ces admirables
lacs aux flots argentés sur les bords desquels on
aime à rêver, à prier !

Son frère Jules, d'une âme énergique et loyale,
d'un esprit élevé, rendit le dernier soupir à
Paris, entre les bras du R. P. Millériot, chez
l'auteur de cette trop courte étude, le 29 août 1873 ;
et sa tombe, au cimetière du Père-Lachaise,
demeure ignorée de ceux qui font tant de fêtes
aux étrangers, mais qui oublient d'honorer les
Français morts au service de la science et de
la civilisation !...

LES FRÈRES PONCET

NOTES ETHNOGRAPHIQUES ET GÉOGRAPHIQUES[1]

Les expéditions lointaines que la France tente vers les contrées de l'Extrème-Orient, la campagne entreprise à l'île de Madagascar, donnent un regain d'actualité aux questions de géographie et d'explorations qui, depuis quelques années déjà, préoccupent les esprits sérieux.

On a fait une large part, trop large peut-être, aux étrangers, en leur attribuant les plus belles découvertes, et en leur accordant une confiance qu'on refuse volontiers aux Français, en leur décernant une couronne de gloire dont on dépouille, à leur profit, les intrépides enfants de notre patrie qui vont, au prix de tant d'efforts, planter notre drapeau dans les régions encore inexplorées du monde connu.

1. D'après les notes d'Ambroise et Jules Poncet, et les livres de sir Samuel Baker, du docteur Schweinfurth et du docteur Livingstone.

En ce qui regarde l'Afrique équatoriale, par exemple, on a beaucoup parlé de Grant, de Speke, de Livingstone, et les ouvrages les plus récemments parus, auxquels on a attribué le plus d'importance, sont ceux d'un Allemand, le docteur Georges Schweinfurth, et d'un Anglais, sir Samuel W. Baker.

Après avoir comparé les résultats obtenus par le docteur Schweinfurth, dans ses voyages de découvertes, avec les renseignements que l'on trouve dans le récit de l'expédition militaire, dirigée par sir Samuel Baker vers l'Albert Nyanza, on sera certainement tenté de les rapprocher de ceux que l'on doit à Livingstone et à Stanley. De tous ces travaux sont nées des vues nouvelles sur le continent africain. Les prédécesseurs des Speke et des Livingstone ont été vite oubliés. Il est temps de revendiquer la part qui appartient aux frères Poncet et à leur oncle, Alexandre Vaudey, dans ce concours d'émulation qui ouvre l'Afrique aux générations futures. C'est affaire de justice et de patriotisme. Alexandre Vaudey, comme nous l'avons raconté dans le précédent chapitre, a été assassiné à Gondokoro et n'a jamais été vengé. Jules et Ambroise

Poncet sont morts prématurément, tués par les rigueurs d'un climat presque toujours meurtrier pour les Européens.

Ils ne s'occupaient guère, il est vrai, que du commerce de l'ivoire, organisant de grandes chasses à l'éléphant, créant au loin des stations, forteresses et comptoirs ; ils ne s'étaient pas avancés jusqu'à l'équateur avec l'idée absolue de travailler au profit de la science ; ils n'ont pas écrit des livres, comme les Burton, les Speke, les Baker, les Petherick, les Livingstone. Ils l'eussent fait peut-être s'il leur avait été donné de vivre ; mais ils ont recueilli des informations qu'ils n'est pas permis de dédaigner.

Parlant des notes géographiques publiées par Jules Poncet sous ce titre : *Le Fleuve Blanc*, le docteur Schweinfurth déclare que « c'est la meilleure publication qui ait été faite sur le haut Nil » ; qu'elle donne non seulement des détails irrécusables sur l'intéressant voyage de l'auteur (sa traversée du Rolh en 1859), mais fournit sur les mœurs des différents peuples de cette contrée de nombreux renseignements recueillis pendant de longues années de séjour. Voilà, certes, un témoignage que nos géographes ne récuseront pas.

4.

Les frères Poncet ont contribué, selon la mesure de leurs aptitudes, à fixer sur quelques points la carte d'une région dont l'étendue égale celle de la France, et qui est comprise entre les 2° et 10° au-dessus de l'équateur et les 22° et 29° de longitude orientale ; véritable terrain de chasse où l'homme de couleur est traqué et poursuivi, et où le commerce de l'ivoire, pratiqué par les traitants musulmans ou européens sert le plus souvent à dissimuler un trafic que les lois de l'humanité réprouvent, et que l'administration égyptienne a eu longtemps la prétention, mal justifiée, de réprimer.

I

La région que les frères Poncet ont explorée pendant vingt ans est une contrée ayant à peu près la grandeur de la France, située sous l'équateur, c'est-à-dire au sud des États du khédive, et au nord de la région des lacs africains.

Pour ceux qui ne sont pas familiers avec la géographie d'un continent au centre duquel les

Européens n'ont pénétré que depuis un petit nombre d'années, nous ajouterons que la région des Lacs est cette partie de l'Afrique successivement visitée par le capitaine Burton, par Speke et Grant, puis par sir Samuel Baker, et enfin par le célèbre Livingstone, dont le trop fameux reporter américain, M. Stanley, a complété les explorations.

C'est donc au nord de la région des lacs équatoriaux que se trouvent les diverses nations barbares chez lesquelles les frères Poncet avaient créé leurs établissements, nations que, peu d'années après la guere franco-prussienne, a visitées le docteur allemand Schweinfurth. Leur territoire est traversé du sud au nord ou pour mieux dire du sud-ouest au nord-est par une innombrable quantité de cours d'eau qui vont alimenter le fleuve Blanc. On sait que le fleuve Blanc, après sa jonction avec le fleuve Bleu à la pointe de Khartoum, constitue le Nil. De ces cours d'eau, les uns descendent des hauteurs comme des torrents; d'autres, pareils à de larges marais encombrés d'une végétation aquatique au milieu de laquelle vivent les hippopotames, semblent stagnants; ils sont parfois inex-

tricables. Leur chenal est couvert, comme un
tapis, d'un tissu d'ambatch, de papyrus, de
plantes de mille espèces ; à cet embarras s'ajoutent des monceaux d'herbes flottantes, et parmi
celles-ci l'*azolle*, cryptogame aquatique qui ressemble à une fougère, et le pistia, semblable à
la laitue, que les bateliers du Nil appellent tabac
des nègres [1]. On rencontre même en certains

1. *Au cœur de l'Afrique*, par le docteur G. Schweinfurth.
Après avoir débuté par un itinéraire entre Khartoum et la
mer Rouge, Schweinfurth tourna bientôt son activité du côté
du sud, où la botanique, dont il s'occupait spécialement,
devait trouver un champ d'étude plus nouveau. Il sillonna
de ses itinéraires les pays des Djours, des Bongos et des Dors,
situés au sud du Bahr-el-Ghazal et à l'ouest du Nil Blanc,
s'avançant jusqu'au pays des Niam-Niams, dans une vallée
du Nil où seuls nos compatriotes, les frères Poncet, les premiers, puis John Petherick et Carlo Piaggia l'avaient précédé.
Vers le troisième degré de latitude, Schweinfurth, arrivé
dans le Ouando, se trouvait en plein territoire niam-niam,
en même temps qu'il constatait un changement complet
dans la direction des cours d'eau. Ce n'était plus vers le
nord que se dirigeaient les rivières, mais vers l'ouest, et il
semble permis de croire qu'elles vont affluer au Châri. La
principale d'entre elles est le Ouellé à laquelle sa latitude et son
orientation assigneraient comme origine le revers occidental
des montagnes qui bordent à l'ouest le lac Albert Nyanza. L'époque de la crue du Ouellé coïncide, du reste, avec celle du Chari.
Chez les Niam-Niams, notamment chez les Dors et les Monbouttous, le peuple le plus au sud qu'il ait visité, Schweinfurth était au milieu d'anthropophages, comme les Mon-
youema, chez lesquels a été Livingstone.
L'ivoire est une des principales marchandises que les

endroits des îles flottantes de papyrus. Il y a enfin les fleuves alimentés par les lacs équatoriaux et leur servant de déversoirs ; mais sur tous ces cours d'eau les difficultés de la navigation sont extrêmes. Les voyageurs ont à compter avec les barrages d'herbes, les cataractes, les chutes, les rapides, et semblent avoir rarement songé à utiliser, d'une manière continue, ces « chemins qui marchent ».

Niam-Niams aient à offrir au commerce en échange des produits dont ils ont besoin. Malheureusement la méthode qu'ils emploient d'incendier les forêts et de brûler les éléphants tout vifs pour se procurer l'ivoire est contraire à une saine économie et, dans un temps donné, privera le pays de cette source de richesse.

A la fin de 1870, Schweinfurth perdit, dans un incendie de la zériba Ghattas, une partie de ses collections botaniques et de son équipement. Le voyageur ne se laissant point décourager, entreprit d'explorer le Dâr-Fertit, contrée entièrement nouvelle pour la géographie positive, car l'itinéraire de Théodore Heuglin, en 1863, s'arrête à Koulanda, dans le pays des Bongos, limitrophe du Fertit. Le Dâr-Fertit est situé entre le 7° et le 8° degré de latitude nord, et le 21° et le 22° degré de longitude ouest de Paris, c'est-à-dire à peu près sous le méridien qui passe entre le Dâr-Four et le Ouâdaï, et au nord du pays des Niam-Niams. Les rivières qui l'arrosent sont tributaires du Nil. C'est au Dâr-Fertit que le docteur Schweinfurth, lui aussi, se trouva en présence de la désastreuse influence de la traite des esclaves que des musulmans ont pratiquée avec autant d'injustice et de cruauté ici que dans les parages où Livingstone en faillit être victime.

(*Rapport sur les travaux de la Société de géographie pendant* 1872, par M. Ch. Maunoir, secrétaire de la Commission centrale).

La saison du *Kharif* ou saison des pluies est affreuse, dans le bassin du fleuve Blanc. Jules Poncet assurait que l'on ne peut s'en faire une idée. Il racontait que, forcés par la nécessité, son frère Ambroise et lui furent une fois obligés de passer le *Kharif* à Abou-Kouka, district situé vers 6° 33′ de latitude nord, un peu au-dessous du lac Djak, dans les pays des Elliabs. Leur campement ne tarda pas à être submergé et ils durent se diriger sur Sainte-Croix, mission allemande aujourd'hui abandonnée. Ils y construisirent des huttes en paille qui bientôt disparurent sous l'eau; se réfugiant alors chez le missionnaire dom Morlang, ils habitèrent pendant trois mois un îlot de cinquante pas de longueur sur huit de largeur, n'ayant d'autres provisions que celles de la Mission.

« Dans le mois d'octobre, lorsque le fleuve commence à se retirer, on trouve par milliers des poissons restés dans la boue, au milieu des herbes; aussi les pêcheurs profitent-ils de ce moment pour faire leur provision. Ils en chargent chaque jour leurs barques qui sont faites de troncs d'arbres bien travaillés, puis ils font sécher ces poissons au soleil; mais il s'en dégage une odeur pestilentielle qui s'étend à une demi-heure de distance de leurs villages. Eux seuls sont capables de résister à une pareille puanteur. »

De grandes forêts de gommiers et de tamariniers remplissent çà et là les espaces laissés libres par les cours d'eau. Dans les prairies humides, au milieu des roseaux, l'éléphant et le buffle vivent en troupes. La girafe, le lion et l'hyène figurant aussi dans une faune abondante.

L'uniformité des lieux contraste avec la diversité marquée par la différence de langage, de figure et de nombre. La population très dense en certains pays, est on ne peut plus clairsemée en d'autres; et, comme le remarque Schweinfurth, « dans une étendue, qui n'a pas plus de trois cent milles, les Barris et les Akkas donnent l'exemple des deux extrèmes de la stature humaine : les premiers pouvant rivaliser avec les Patagons, les autres étant bien au-dessous de la taille ordinaire. »

Nos compatriotes avaient leur principal établissement dans le Mvolo. C'était bien avant le temps où le khédive, songeant à reculer les frontières de ses États et à détruire la traite

des esclaves, envoya sir Samuel Baker, à la
tête d'une petite armée, pour obtenir la sou-
mission des chefs qui gouvernent les populations
riveraines du haut Nil. Quelques années plus
tard, Schweinfurth devait trouver une garnison
égyptienne à Fachoda, en plein pays des
Chillouks.

Les frères Poncet envoyaient leurs courtiers
jusqu'au royaume gouverné par Cagouma. Par
ces derniers, ils avaient appris à connaître la
topographie de cette région inexplorée de
l'Afrique. C'est ainsi qu'ils ont pu dessiner sur
la carte de cette contrée une chaîne de montagnes, par 5° de latitude nord, et 26' de longitude
orientale, à laquelle, dans leur ignorance de son
appellation par les indigènes, ils ont imposé le
nom de monts Clémentine (du nom de Mme Charles
Buet, leur sœur). Cette chaîne de montagnes,
qui se trouve sur la carte dressée en 1870 par
John Manuel, membre de l'Institut d'Égypte,
figure, sur les cartes qui servent à suivre l'itinéraire du docteur Schweinfurth, sous le nom de
collines de Goumanis et collines de Babounga,
dans le district de Ngânyé.

Les agents de MM. Poncet ont signalé aussi

l'existence d'une autre chaîne de montagnes plus
au sud-ouest (par 4° 50′ environ de latitude et
22° de longitude orientale), et à laquelle ils ont
donné le nom de monts Adélaïde (c'est un nom
porté dans leur famille, celui de la femme d'Ambroise Poncet). Nous cherchons vainement ces
montagnes sur les cartes de Schweinfurth. Les
frères Poncet, en indiquant leur latitude, ont
ajouté : « près le confluent du Souéet du Victor
Baboura ou Bahr-Mombouttou. » Il y a évidemment une erreur dans leurs notes. Si nous
devions nous en rapporter au voyageur allemand, il conviendrait de reconnaître les monts
Adélaïde dans les monts Gangara, situés à la
limite des pays des Niam-Niams et des Monbouttous. Dans cette hypothèse, le Victor
Baboura, qui ne se trouve pas davantage sur
les cartes de Schweinfurth, devient le fleuve
Ouellé, rivière dont Barth a fait mention, en lui
donnant le nom de Koubanda. Or, ce fleuve
Ouellé, Schweinfurth le fait valoir comme la
plus importance découverte de ses voyages.
Selon lui, il appartient à un système fluvial
autre que le Nil, et qui se dirige vers l'intérieur
de l'Afrique, en suivant la direction du sud au

nord-ouest. Il se peut enfin que l'Ouellé et le Baboura, s'ils ne sont pas un seul et même fleuve, soient deux cours d'eau à peu près parallèles.

« MM. Poncet ont créé chez les Kidj, sur le fleuve Blanc, vers le 7° de latitude nord, écrivait à M. Ferdinand de Lesseps le lieutenant Le Saint[1], un établissement, espèce de quartier général, d'où ils ravitaillent les établissements secondaires dont ils augmentent tous les ans le nombre dans leur marche vers le sud-ouest, c'est-à-dire vers le Gabon. Leurs hommes, bien accueillis partout, ont poussé quarante journées au delà du Nil, dépassant les Niam-Niams, après un désert de sept jours, et arrivant chez les Kour-Kourous où ils ont rencontré un grand fleuve navigable toute l'année et d'une largeur triple de celle du fleuve Blanc lui-même. Sur leur chemin ils ont rencontré onze cours d'eau, les uns torrents à sec après la saison des pluies, les autres au nombre de deux ou trois, coulant toute l'année et navigables. Les indigènes excellent dans le travail des métaux, et

____

1. Le lieutenant Le Saint est mort à Abou-Kouka, chez les Poncet, en 1868.

sont intelligents et paisibles quoique guerriers.

« D'après les renseignements recueillis, en a lieu de croire que c'est le lac Albert qui donne naissance à ces grands cours d'eau signalés, et que le plus considérable, celui des Gourgourous (plus haut le lieutenant Le Saint a écrit « Kour-Kourous »), n'est autre que la branche nord-est de l'Ogowaï dont nous possédons les embouchures par notre établissement du Gabon. »

MM. Poncet, d'ailleurs, étaient arrivés à croire aussi que le lac Tchad communique avec l'Albert-Nyanza par le Soué ou Chary et le Bagoun ou Babaï. Au moment de l'expédition tentée par le lieutenant Le Saint, ils avaient envoyé à sa suite tout le matériel et le personnel nécessaires pour construire deux barques sur le Baboura. Ils avaient un projet plus important encore mais qu'ils tenaient secret : ils voulaient s'assurer de la possibilité d'une communication avec le Niger, par le Baboura, présumant, d'après leur profonde connaissance du pays, qu'il est impossible que le Baboura qui court vers l'ouest, au sortir du lac Metouasset, ne se jette pas soit dans le Benoué, soit dans le Kebbi, si même il n'est pas la partie supérieure inconnue et inexplorée de l'un de ces deux fleuves.

Faut-il croire que les frères Poncet, établis à demeure dans le pays, pouvant contrôler plus d'une fois les renseignements recueillis par eux, ont été induits en erreur, tandis que le docteur Schweinfurth, qui n'a fait que traverser les mêmes régions, se serait tout d'abord trouvé exactement informé? Les frères Poncet ont en leur faveur d'avoir longuement séjourné dans le pays; Schweinfurth d'être le dernier explorateur, par conséquent le mieux instruit.

Au surplus, la carte de l'Afrique centrale ne sera pas fixée de longtemps. Chaque voyageur y apporte son contingent d'observations, parfois absolument contradictoires avec celles précédemment notées. Schweinfurth, le plus récent explorateur, prétend que le Bahr-el-Ghazal, rivière qui, après avoir fait sa jonction avec le Bahr-el-Djebel au nord de Gondokoro, devient le fleuve Blanc, Schweinfurth, disons-nous, prétend que le Bahr-el-Ghazal a un volume d'eau très important; que c'est peut-être du côté d'où il vient qu'il faudrait chercher les véritables sources du Nil, c'est-à-dire au nord du 9° degré

de latitude nord, et non au delà de l'équateur,
sur les limites de l'Afrique australe; et cependant cette rivière des Gazelles a été considérée
par Speke comme une « branche sans importance », et par Samuel Baker, comme n'apportant au Nil qu'une quantité d'eau « insignifiante ».

Il est impossible de ne pas relater ici le résumé des impressions de Schweinfurth, qui
ne tend à rien moins qu'à changer complètement les termes du problème des sources du
Nil, au moment où, après les travaux de Speke,
de Baker et de Livingstone, on pouvait en
attendre la solution prochaine.

« La quantité d'eau, dit-il, que le Bahr-el-
Ghazal fournit au débordement du Nil, reste
toujours à connaître. Dans le débat soulevé par
la question des sources, il paraît avoir des droits
non moins valables que le Bahr-el-Djébel au titre
d'aîné, parmi les générateurs du fleuve divin.
Véritablement il semble être au Bahr-el-Djébel
ce que le Nil-Blanc est au Nil-Bleu. Dans la saison
des crues, le Ghazal inonde un très large territoire. En mars, époque où il est au plus bas, il
se fractionne daus sa partie supérieure en de
vastes mares à peu près stagnantes; tandis

qu'inférieurement, il se divise en canaux étroits, où il se traîne avec langueur. Ces canaux, encombrés d'une végétation excessive, cachent sous leurs tapis flottants, soit dans leurs profondeurs libres, soit mêlé à une couche de vase insondable, un volume d'eau qui défie tous nos calculs. L'ensemble de toutes ces eaux forme la Gazelle (Bahr-el-Ghazal), qui à son arrivée dans le Bahr-el-Abiad, communique à celui-ci une impulsion suffisante pour le faire avancer. Vient ensuite le Bahr-el-Djébel, dont la force d'impulsion est plus grande, et qui contribue d'une manière active à la marche du courant. N'oublions pas qu'au Bahr-el-Ghazal, se joignent le Diour et l'Arab, deux rivières qui, chacune, ont plus d'importance que pas un des affluents du Bahr-el-Djébel. Chercher le véritable rapport de ces différents taibutaires, c'est envisager l'ancien problème sous un nouveau jour. »

Veut-on une preuve plus singulière de l'état d'incertitude que présentent encore des sujets d'études laborieusement examinés? « Ne descendez pas le lac » (le Tanganyika), écrivait sir Samuel Baker, à Livingstone, à la date du 13 février 1873. « Il est aujourd'hui reconnu

que le Tanganyika est l'Albert-Nyanza, et que
tous deux sont désignés sous le nom de grand
lac Mwoutan-Nzigé. »

A en croire le docteur Schweinfurth, la carte
de Guillaume Lejean, qui présente beaucoup de
détails, « ne doit être acceptée qu'avec réserve ».
Nous avons sous les yeux une grande carte
dressée en 1870 par John Manuel, sous les auspices du Khédive; pour cette carte, les itinéraires de Burton et Speke, de Speke et Grant,
de Samuel Baker (voyage de 1864), de Livingstone, ont été mis à contribution; M. John Manuel a tenu compte aussi des renseignements
fournis par Petherick, par les frères Poncet,
par la relation du voyage de Piaggia, par Le
Saint, par Brun-Rollet et le docteur Peney, et
d'Arnaud Bey et beaucoup d'autres : eh bien!
en comparant cette carte à celle qui accompagne
la relation du docteur Schweinfurth, c'est à
grand'peine que l'on trouve quelque ressemblance entre ces deux cartes sur les points les
plus essentiels à connaître.

Ces différences s'expliquent en partie par la
configuration incessamment modifiée des territoires occupés par les eaux. Une infinité de ca-

naux relient entre eux de petits lacs, des marécages aux rives mobiles, encombrées d'herbes
abondantes, à la surface desquels des îles flottantes plantées de papyrus de douze à quinze
pieds de haut, donnent un aspect renouvelé sans
fin. Piaggia, au rapport du marquis Antinori,
revenant du pays des Niam-Niams en 1865,
trouva les rives du lac Nau complètement chan-
gées ; « la majeure partie de la forêt aquatique
avait disparu » et, dans son bassin, tellement
agrandi qu'il était pour ainsi dire décuplé, au
lieu de sangsues qu'il y avait vues, le voyageur
trouvait maintenant quantité de crocodiles... »

II

Les frères Poncet avaient créé de nombreux
établissements destinés à centraliser les opérations de leur trafic. Ces sortes d'établissements,
appelés *zéribas* ou *zarribas*, sont des villages
entourés de palissades (*zériba* signifie haie d'é-
pine, palissade), où sont entretenus des hommes
armés et où l'on emmagasine l'ivoire et les

objets d'échange. Tous les ans, les dents d'éléphants recueillies, soit par des achats, soit directement par les chasses, sont expédiées à Khartoum. La principale *zériba* des frères Poncet, située dans le Mvolo, avait acquis une grande importance. Une route menant directement au cœur du pays des Monbouttous sans avoir à traverser les tribus hostiles des Niam-Niams, faisait de cet établissement commercial le point le plus rapproché du lieu où l'ivoire abonde ; dans les derniers temps de leur exploitation, les frères Poncet envoyaient chaque année deux expéditions chez les Monbouttous de la province orientale.

On peut se faire une idée de la position des établissements Poncet par la situation respective des villes de France suivantes : Auxerre, Gien, Pithiviers, Chartres, Châteauroux, Poitiers, La Rochelle.

Schweinfurth a visité l'établissement du Mvolo. Il raconte que le gouverneur de la zériba. qui était au service des frères Poncet depuis de longues années, le reçut avec une courtoisie extrême. Au moment où il franchit l'enceinte de l'établissement, cent hommes le saluèrent

de leur poudre, et une petite pièce d'artillerie
de marine, placée sous le porche, tira plusieurs
coups en son honneur. « Néanmoins, ajoute
Schweinfurth, si flatté que je pusse être d'un
pareil accueil, l'impression désagréable que je
ressentais à la vue du drapeau rouge chargé du
croissant et des versets coranesques, était la
plus forte. Je me réjouissais d'avance à la pensée de voir, au moins ici, les trois couleurs
affirmer hautement l'autorité de l'indépendance
des Francks ; j'étais singulièrement déçu. Mes
Nubiens m'avaient déclaré plusieurs fois que
pour rien au monde ils ne me suivraient si je
déployais mon drapeau ; je n'avais plus de
moyen de les convaincre de leur sottise. Le
déploiement de la bannière musulmane sur
les possessions d'un Français, est la preuve
la plus manifeste du peu d'influence que les négociants de Khartoum ont sur leurs manda-
taires. »

Nous trouvons, dans la relation du *Voyage au
cœur de l'Afrique*, la description du territoire
de Mvolo, où se trouve cette zériba : « Aussi
loin que le regard pouvait s'étendre, se dérou-
lait une plaine herbue, déchirée par des rocs aux

lignes fantastiques et par des bouquets de bois
et des arbres séculaires. De gracieux borassus
agitaient leurs palmes au-dessus des fourrés...
Décorées de lianes de toute espèce, les roches
nous invitaient chacune à les peindre. Au nord,
les trois montagnes voisines d'A-Duri dressaient
leurs têtes violettes dans le bleu pâle de l'horizon. A quelque distance le paysage offrait des
teintes particulières de gris et de mordoré, qui
se modifiaient graduellement et qui prenaient
dans le lointain l'azur du ciel d'Italie, tandis
qu'au premier plan tout brillait des vives couleurs du feuillage : le brun, le jaune, le pourpre,
l'olive alternaient avec le vert naissant des
bourgeons, le rouge pompéien des fourmilières,
le gris argenté des rocs.

« Non moins originale que ses alentours, la
zériba elle-même était unique dans son genre.
L'aspect chaotique de ses pilotis, de ses entas-
sements rocheux aurait troublé le sommeil d'un
être sensitif. Il y avait quelque chose du rêve
de l'Antiquaire dans cet amas compliqué de
huttes et d'estacades, près d'un monceau de
granit, d'où s'élançaient fièrement des palmy-
ras... Les toits ronds et pointus des cases, sur

leurs plates-formes d'argile, ressemblaient à des
cornets posés sur une table.

« Devant l'enceinte s'étalait la grande ferme,
avec ses troupeaux de bœufs et de vaches soi-
gnés par les Dinkas, avec ses tas de fumier toujours brûlants, ses hangars : couvertures de
chaume jeté à poignées sur des pieux tordus et
abritant des couches de cendre, où les pâtres
s'enivraient de la fumée des tas de bouse.

« Çà et là des estacades de formes diverses
avaient été faites en imitation des forts que les
indigènes construisaient à l'époque où ils étaient
les maîtres du pays, et avaient pour objet,
comme autrefois, de servir de refuge aux dé-
fenseurs de la place.

« En parfaite harmonie avec l'étrangeté du
paysage et la bizarrerie de l'architecture, étaient
les damans qui habitaient les crevasses du
gneiss. Dès que le soleil était couché, ainsi qu'au
point du jour, on les voyait partout accroupis
comme des marmottes à l'entrée de leurs cavernes, où, à la moindre alerte, ils se précipi-
taient avec la rapidité de la flèche, en grognant
et en clappant d'une façon étonnante. »

Actuellement les établissements des frères

Poncet sont possédés par un très riche copte, du nom de Ghattas, qui fait le commerce de l'ivoire sur une très grande échelle.

Les frères Poncet conduisaient eux-mêmes des expéditions pour la chasse de l'éléphant et se procuraient en une saison, plus d'ivoire que n'en fournit actuellement dans les bonnes années, le pays des Niam-Niams tout entier. Le produit des territoires où l'on recueille les dents d'éléphant va sans cesse diminuant, et à chaque campagne annuelle, les traitants sont obligés de pénétrer plus avant dans le pays.

III

La région qui forme le champ de l'exploitation de l'ivoire est peuplée, et en dénombrant du nord au sud ces diverses variétés de la race noire, par les Chillouks, les Nouairs, les Dinkas, les Djours, les Bongos, les Niam-Niams et les Monbouttous.

Les hommes de ces races diverses n'ont peut-être qu'un seul trait qui leur soit réellement commun, celui d'être absolument rebelles à toute assimilation; les peuplades faibles se laisseraient détruire plutôt que de subir l'influence ou la loi du plus fort.

Les Chillouks sont caractérisés physiquement par l'édifice compliqué construit sur leur tête au moyen de leurs propres cheveux façonnés avec de la gomme et de l'argile. Ils sont nés pour ainsi dire avec leur couvre-chef qui, remarque Schweinfurth, ressemble au casque d'une pintade ou rappelle le nimbe que portent les saints dans les tableaux de piété des Grecs. Les hommes s'en vont tout nus, la canne à la main, une canne à pomme, plate à l'un de ses bouts et pointue de l'autre. Les femmes mettent autour de leurs flancs une peau de veau qui leur descend jusqu'à mi-jambes. Les guerriers de cette peuplade ont pour arme une lance à longue hampe et à fer barbelé.

Les Chillouks vivent de rapines; lorsqu'ils ne trouvent pas à dérober quelques vaches chez leurs voisins, ils font la chasse aux hippopotames et aux crocodiles. Dans les moments de trêve, ils vendent aux Dinkas et aux Sélems des lanières d'hippopotames et du musc de crocodile, recevant en retour du grain, de la viande sèche et du tabac.

La nation des Nouairs occupe le delta marécageux formé par le cours du Saubat et celui de
Bahr-el-Ghazal. On distingue parmi eux, selon
Jules Poncet, les Eliabs, les Egnans, les Reians,
les Kors, les Biors, tribus incessamment en
guerre entre elles, car les Nouairs sont un peuple très belliqueux. Leur territoire est entouré
de voisins hostiles. Les Nouairs, à ce que rapporte Schweinfurth, sont particulièrement redoutables aux Dinkas. Ils sont grands et forts,
d'après Samuel Baker, et vont absolument nus.
Les femmes se parent pudiquement de quelque
feuillage. Elles sont affreusement laides, — toujours selon ce dernier, — et portent en guise
d'ornement, à la lèvre supérieure, une sorte de
corne faite de fil de fer et de perles. Cet ornement de la lèvre se retrouve, du reste, chez les
femmes de la plupart des peuplades riveraines
du haut Nil; c'est tantôt un disque d'ivoire ou
de corne de deux ou trois centimètres de diamètre, introduit dans la lèvre supérieure pour
en obtenir l'élongation, tantôt une corne de
quartz de six ou sept centimètres, implantée
dans la lèvre inférieure.

Les huttes des Nouairs, à ce que nous apprend

Jules Poncet, sont faites en paille tressée, de forme conique, elles sont grandes et propres. Ils ne les réunissent point en village, mais les bâtissent isolément les unes des autres, mettau entre chacune un intervalle de cinquante à cent pas. L'élève du bétail est leur principale occupation. Ils font aussi le commerce de l'ivoire, qu'ils savent acheter et revendre avec bénéfice. Ils ne professent aucun culte; mais ils croient à l'existence d'un Dieu créateur qui gouverne le monde, sans s'inquiéter des actions des hommes.

Cependant, ils sont très superstitieux. Ils ont des *kodjours*, — devins ou sorciers, — qui leur annoncent la pluie, prévoient les malheurs et guérissent les bestiaux. Ces jongleurs sont toujours riches, car ils se font payer largement leurs prétendus services. Un bon kodjour n'est pas même oublié après sa mort; on l'enterre dans une hutte énorme qui devient alors un lieu sacré, et qui est souvent ornée de défenses d'éléphants, afin d'honorer la tombe du savant.

Selon Jules Poncet, les Nouairs ont pour arme défensive le bâton, et pour arme offensive une lance à manche court et gros. Schweinfurth, de son côté, affirme que l'arc et les flèches con-

stituent leurs principales armes. Quoi qu'il en
soit, ils sont habiles chasseurs d'éléphants ; ils
se réunissent au nombre de vingt ou trente et
attaquent l'animal à quinze ou vingt pas. Celui
qui blesse le premier l'éléphant, obtient la
défense droite, le second, l'autre défense, qui
est généralement plus petite.

Les autres se partagent la chair. Des troupeaux
entiers tombent ainsi sous leurs coups dans une
seule journée. Les frères Poncet, attaqués et sans
cesse molestés par les Nouairs, organisèrent une
expédition contre eux et les mirent à la raison.

Les Dinkas sont les ennemis déclarés des
Nouairs, qu'ils redoutent beaucoup. Ils sont généralement grands et forts. Leurs jambes, longues et décharnées, leur donnent de la ressemblance avec les oiseaux du genre des échassiers
qui vivent le long de leurs marais, ressemblance
qui s'augmente par l'habitude qu'ils ont de sta-
tionner sur un seul pied des heures durant. Les
hommes de cette race considèrent comme un
privilège de leur sexe d'aller complètement nus.
Les femmes se couvrent de deux amples tabliers
de peau. Les Dinkas portent leurs cheveux
courts et se rasent avec un fer de lance le peu

de barbe qui leur vient au menton. La couleur
de leur peau est d'un noir foncé tirant sur le
brun. Hommes et femmes s'arrachent les inci-
sives de la mâchoire inférieure. Pour se mettre
à l'abri des morsures des moustiques, ils se frottent le corps avec de la cendre. Les femmes se
chargent les poignets et les chevilles des jambes
d'anneaux de fer ; les hommes riches se passent
au bras une série d'anneaux d'ivoire, qui, du
coude au poignet, forment une sorte de bras-
sard. Il paraît que les Dinkas entendent assez
bien la cuisine et les soins du ménage.

Les Djours vivent sur un terrain minier. Jadis
tenus dans une sorte de vasselage par leurs
voisins les Dinkas, ils travaillaient le fer dont
ceux-ci avaient besoin. Les Djours ont la peau
d'une teinte moins foncée que les Dinkas. Ils
sont de même race que les Chillouks. Schweinfurth a remarqué qu'ils ont perdu plusieurs de
leurs anciennes coutumes : « Ainsi, dit-il, l'usage
de cracher l'un sur l'autre qui, récemment encore était leur manière habituelle de se saluer,
est tombée en désuétude. » Pendant tout son
voyage, il n'a eu que trois exemples de ce vieux
mode de salut ; « mais chaque fois le crachat

fut parfaitement accueilli : c'était un gage d'af-
fection, un serment de fidélité, et, pour les pra-
tiquants, la façon la plus solennelle de signer
un pacte amical. » Les Djours ont des familles
nombreuses. Les hommes chassent, pêchent, tra-
vaillent le fer ou soignent la volaille de la basse-
cour; les femmes s'occupent de l'agriculture et
des travaux du ménage y compris la bâtisse, la
construction des tombeaux et la fabrication des
ustensiles. Ce sont elles qui confectionnent la
mérissa, sorte de bière obtenue par le *dhoura*,
variété de millet, et le *pombé*, boisson fermentée
faite avec le grain du sorgho ou blé cafre.

Les Bongos ont la peau d'un brun rouge ou
cuivré qui les distingue complètement des autres
races environnantes. Ils sont rarement d'une
taille élevée. Leur tête est large, leurs épaules
massives, leurs membres vigoureux, leur chevelure est courte et laineuse. Ces indigènes cul-
tivent leur sol et vivent de ses produits. Ils font
usage du tabac, ils savent forger le fer, et fabriquent des armes, — des fers de lance surtout,
— d'un travail très remarquable [1].

1. L'auteur possède une collection de ces armes remarquables, d'ailleurs très rares en Europe.

La grande famille des Niam-Niams, bornée
au nord par les Fertits, à l'ouest par les Monbouttous, au sud par le lac Luta-Nzigé et à
l'est par les Djours, parle une langue unique
avec des différences de dialectes dans les diver
ses tribus. Ces tribus portent le nom du roitelet qui les gouverne. Il y a donc les tribus Batia
Forak, Makou, etc. Les Niam-Niams ne possè-
dent pas de bétail. Ils achètent, contre de
l'ivoire, des lances ou du grain, et les bœufs dont
ils se nourrissent. Leurs armes sont des flèches
et des lances dont ils forment eux-mêmes le fer.

Les Niams-Niams ont la couleur des races
intermédiaires entre le noir pur et l'homme cuivré. Ils sont tatoués, portent les cheveux longs,
la barbe entière, et s'attachent aux reins une
queue d'animal, ce qui a servi à propager cette
fable que, dans l'intérieur de l'Afrique, il y avait
des hommes armés de l'appendice caudal ordinairement réservé aux bêtes. Les femmes couvrent leur nudité avec des feuilles d'arbre dont
elles forment deux bouquets qu'elles attachent,
l'un devant, l'autre derrière, à une petite lanière
ornée de verroteries qu'elles portent à la ceinture. Elles ajoutent à leurs charmes en intro-

duisant dans un trou, fait à chacune des lèvres,
deux pierres ou deux morceaux de bois d'ébène,
taillés en pain de sucre. Les chefs seuls ont le
droit de se parer d'une bande de peau. Idolâtres
et d'une intelligence bornée, ils admettent l'inceste, monstruosité qui n'existe dans aucune
contrée de tout le littoral du fleuve Blanc.

Les Niam-Niams sont anthropophages. Ils
mangent les cadavres de leurs ennemis. Les
femmes choisissent, après le carnage, les pieds
et les mains des morts, qui sont leurs morceaux
préférés. Ils chassent l'éléphant avec des lances à
peu près semblables aux sagaies des naturels de
Madagascar. Parfois ils mettent le feu aux vastes
champs desséchés où gisent ces pachydermes.

Quant à la tribu des Monbouttous que l'on
trouve à l'ouest des Niam-Niams, desquels elle
est séparée par un pays inhabité et large de cinq
à six jours de marche, elle parle une langue
différente de celle des Niam-Niams. D'un teint
plus clair, d'un esprit vif et pénétrant, et plus
industrieux encore que leurs voisins de l'est, les
Monbouttous ont une idée plus nette d'un Être
suprême ; ils couvrent leur nudité avec l'écorce
de rako, laquelle une fois bien battue devient un

vrai tissu. Riches en fruits et en précieuses racines que produit, sans travail, la féconde nature de leur sol, ils sèment très peu, se nourrissent généralement de bananes, de fruits à
crème, de dattes rouges, à grappes excessivement sucrées, de l'alob, de la canne à sucre, et
enfin d'une infinité d'espèces de racines qu'ils
réduisent en poudre, et dont le goût, tout en
variant, ne s'éloigne guère de celui de nos pom-
mes de terre. Ils remplacent le beurre moins
abondant chez eux, vu leurs richesses limitées en
troupeaux, par l'huile de palmier. Ils portent la
barbe et les cheveux longs ; ils unissent ceux-ci
en une seule tresse commençant au coin de
l'oreille et qui, étant bien roulée en tire-bouchon très serré, fait le tour de la tête et va finir
à l'occiput. Leurs habitations, propres et spacieuses, couvertes en forme de dos d'âne et
coniques, sont bien mieux construites que celles
des contrées du fleuve Blanc.

Les Monbouttous, plus habiles à travailler le
fer et le bois que les Niam-Niams, se font de
grandes pirogues goudronnées avec une espèce
de poix tirée de leurs forêts ; ils remontent et
descendent le Baboura.

Les Ongourous, appelés vicieusement Gourgourous par les gens de MM. Poncet et ceux des
établissements de Bahr-el-Gazal, s'étendent assez
loin vers le nord-ouest, et parlent, ceux du sud,
du moins, la langue des Niam-Niams, mélangée
de beaucoup de mots monbouttous.

Complétons, d'après les observations de Jules
Poncet, dans un rapide voyage de Khartoum à
Gondokoro, ces notes ethnologiques, les plus
complètes et les plus sérieuses qui aient été
données sur l'Afrique.

Aux Soutts [1], le pays commence à changer d'aspect. On trouve d'abord deux rives très basses,
sablonneuses, ressemblant à deux grandes routes
impériales, larges environ de quarante à soixante
pas, bordées d'un côté par la forêt et de l'autre
par un ruban d'eau qui fait que, du milieu du
fleuve, on a, soit à droite, soit à gauche, un contraste de trois rubans, bleu, blanc et vert, bien
réguliers, qui charment réellement la vue.

A quelques lieues plus haut du Mandjera [2], le

1. Marécages plantés d'acacias, qui commencent à peu de
distance de Khartoum, sur les deux rives du fleuve Blanc.
2 L'arsenal de Khartoum.

fleuve se divise en plusieurs branches qui forment
une quantité de petites îles magnifiques, ombra-
gées comme leurs rives par des acacias noirs et
par des tamariniers chargés de plantes rampantes
et formant, parfois, au milieu, un espace vide
que l'on prendrait pour une habitation impénétrable aux rayons du soleil.

C'est là que campent les Schellouks[1] lorsqu'ils
sont en expédition. C'est aussi le refuge des
gazelles, parfois celui des buffles, des singes en
grande quantité, des pintades et d'autres oiseaux
de différents plumages.

Ces lieux sont si sauvages et si silencieux,
qu'au premier abord, on est porté à croire que
jamais l'homme n'y a pénétré.

Le fleuve, dont les eaux sont limpides et tranquilles, coule lentement à travers cette forêt
vierge. Le morne et profond silence qui y règne
n'est interrompu que par le vent qui vient agiter
les branches des arbres gigantesques et séculaires au pied desquels gisent d'autres arbres
que le temps a renversés. Les cris des singes et
les lamentations des cigognes noires qui sont

1. Ou Chillouks. L'orthographe varie, mais la prononciation du mot est la même.

perchées sur les arbres de ces rives; les opposi-
tions d'ombre et de lumière à travers les arbres
font éprouver à l'homme quelque chose de fan-
tastique, de solennel, et une sorte de bien aise
qui transportent l'âme dans des régions supé-
rieures.

« Pour moi, j'aime tant ces endroits déserts
primitifs, que je ne me sens pas capable de
dépeindre, que chaque fois que j'y passe je m'y
arrête deux ou trois jours pour contempler cette
belle nature qui est là dans toute sa fécondité [1]. »

Les Soutts, qui sont inondés pendant le kharif
(saison des pluies), ne s'étendent qu'à une lieue
de largeur, soit à droite, soit à gauche de la rive.
Les premiers habitants que l'on rencontre sont
d'abord les Hassanieh, et un peu plus haut les
Lahaouinns (sur la limite du gouvernement
égyptien). Le centre est complètement désert
jusqu'à deux ou trois lieues au-dessous de
Mokhadda-Abou-Zeit.

La rive droite du fleuve Blanc est habitée par
les Abou-Rof, insoumis au gouvernement égyptien, qui s'étendent jusqu'à deux lieues au-dessous
de la première montagne des Dinkas. La rive

1. JULES PONCET, *Le Fleuve Blanc.*

gauche est habitée par les Baggara-Sélem. Elle s'étend jusqu'à dix lieues au-dessous de Héllet-Kaka. Ces populations, comme toutes les autres, ne viennent sur le fleuve que pendant la durée de la sécheresse.

Mokhadda-Abou-Zeit, ou Gué-d'Abou-Zeit, a été appelé ainsi parce que les Arabes prétendent qu'anciennement un Arabe qui portait ce nom, étant parti de Tunis, traversa le Sahara en venant tomber en cet endroit au fleuve Blanc, et qu'il le traversa à gué pour aller en Abyssinie. Les Arabes disent tant de choses étranges et invraisemblables sur le compte de cet aventurier, qu'on est forcé de croire qu'il n'a jamais existé, sinon dans leur imagination.

A cet endroit le fleuve est très large, mais il est barré par un banc de coquillages qui va d'une rive à l'autre, de manière qu'en été les Arabes le traversent à gué sur le dos même de leurs bœufs.

Les Baggara (pasteurs de bœufs) Sélem sont soumis à deux chefs, qui vont quelquefois porter des contributions à la Mouderieh du Kordofan. Ils sont néanmoins rebelles au gouvernement de Khartoum. Les djellabs (marchands) du Kor-

dofan viennent chez eux acheter de l'ivoire, de
la gomme et des tobé de Damour (pièces de
toile). Les vieilles piastres sont, chez eux comme
chez tous les Arabes, la monnaie la plus recher-
chée. Ils n'ont pour bêtes de somme que des
bœufs, peu de chèvres et des chevaux qu'ils
vont chercher à Guellabat. Ils traversent le fleuve
sur un radeau ou bien à la nage, à la première
montagne des Dinkas, en suivant une route
déserte qui les conduit à Gouli le troisième jour.
Ils descendent ensuite à Hédébat ou à Ahmar,
où ils traversent le fleuve Blanc pour couper sur
Daberti oú Ras-el-Fil. Pour cette expédition, ils
sont toujours au moins au nombre de trente à
quarante. Ils payent les chevaux, à Guellabat,
trois, jusqu'à huit talaris d'Autriche, et les nourrissent avec des herbes, du lait, et quelquefois
du beurre et du doura (maïs blanc). Les chevaux
sont très recherchés d'eux pour la chasse et le
pillage, les seules occupations des Baggara-
Sélem, qui sont aussi poltrons à pied, que hardis
et même téméraires à cheval.

Les Sélem, qui sont nomades, occupent en
été toute la rive gauche du fleuve Blanc, commençant à quelques lieues au-dessous de Héllet-

Kaka, et finissant au Mokhadda-Abou-Zeit. Ils se retirent pendant le kharif (époque des pluies), à une ou deux journées du fleuve, sur ce qu'ils appellent les *gizanns* (élévation de terrain), néanmoins pas assez élevés pour être appelés collines. Chaque horde (*ferik*) laisse en ce lieu, au commencement, quelques hommes pour surveiller les champs de doura et de sésame, en continuant d'errer d'un lieu à un autre en cherchant toujours les endroits les plus favorables aux bestiaux. Ils ne s'écartent cependant jamais bien loin, parce qu'ils ont à craindre les Haouasma, qui, munis de cottes de mailles, leur en imposent. Ils sont avec ces derniers presque toujours en guerre. Les Sélem recherchent beaucoup les cocabs (morceaux de fer longs), ronds et pointus, ayant un manche comme une lance qui paraissent pénétrer les mailles des Haouasma; ils les tirent de l'extrémité sud-est du Darfour.

Les Sélem, en été, ne s'occupent que de la chasse et du pillage. Ils guettent le plus souvent les Dinkas ou Denkas qui sont sur l'autre rive, quand ils voient leurs troupeaux sur les bords du fleuve, et sur la présomption qu'ils ne sont gardés

que par des enfants. Quatre à cinq d’entre eux
traversent alors le fleuve à la nage, à cheval, se
ruent sur le troupeau duquel ils détachent trente
ou quarante vaches, qu’ils dirigent à la course
vers le fleuve où elles se jettent à la nage; de là
ils les emmènent, à leur sortie, chez eux, ainsi
que les bergers quand ils ont pu les surprendre.

Il arrive aussi quelquefois que les Dinkas sont
prévenus de leur arrivée. Alors ils se tiennent
en embuscade pour surprendre les Baggara à
leur apparition, ils s’en saisissent et les font prisonniers. Néanmoins comme il s’en fait de part
et d’autre, ils ne sont jamais tués et presque
toujours rachetés.

La rançon du captif Sélem, riche ou pauvre,
est toujours de trente bœufs; tandis que le père
d’un Dinka doit donner pour la délivrance de son
fils jusqu’à cinquante à quatre-vingts bœufs, et
si c’est un nègre ordinaire, dix, quinze et vingt.
Le pauvre n’est pas délivré; il reste la propriété
du Sélem qui l’a capturé.

Malgré ces vols mutuels, les Baggara-Sélem
et les Dinkas font très souvent ce qu’ils appellent
le *souk* (marché). Les uns et les autres se font

traverser le fleuve par les Schellouks qui sont en campagne.

Les Sélem subissent, comme tous les Arabes, la sanguinaire opérationde la circoncision. Hommes et femmes portent les cheveux tressés; seulement celles-ci font leurs tresses beaucoup plus fines, elles y pendent de l'ambre, du corail et des cordons rouges. Ces derniers articles, les *soomits* (agate), le *zouman* (boucle en or) qu'elles mettent au nez, sont les seuls objets de leur ambition et le plus grand luxe qu'elles puissent désirer. Les femmes sont en général petites et très jolies; elles aiment beaucoup la danse, et la leur ne ressemble en rien à celle des autres Arabes, mais a beaucoup d'analogie avec la valse à deux temps des Européens. Ce bal, sérieux à l'extrême, est accompagné de battements de mains réguliers qui s'accordent à merveille avec la danse.

Les Sélem, qui sont très sauvages, paraissent être venus, il y a cent trente à cent cinquante ans, du sud-ouest du Darfour. La plus grande partie s'est arrêtée sur les rives du fleuve Blanc, d'autres se sont dirigés sur Gouli (Goulé), où ils sont encore maintenant. Un petit détachement est allé camper, il y a une dizaine d'années environ, à Rosserès et à Fazoglo. Ceux de Gouli, comme ces derniers, sont soumis au gouvernement.

Le pays des Schellouks prend en longueur, sur la rive gauche du fleuve depuis Héllet-Kaka, entre le 11e et le 10° degré de latitude nord, jusqu'à une quinzaine de lieues plus haut que l'embouchure du Bahr-es-Zéraf, il ne s'étend en largeur, en partant de la rive, qu'à cinq ou six lieues environ. Il est très fertile : l'extrémité sud-est se trouve marécageuse, tandis que celle du nord est plutôt sablonneuse. Ce pays produit, grâce à ses habitants, une grande quantité de sésame, de maïs blanc (doura), de petits haricots et de tabac. Il produit aussi à l'état sauvage du riz rouge. On trouve en remontant le fleuve au-dessus de Dénab des forêts de doulleb et de doum.

Les Schellouks étaient d'abord, au commencement des expéditions [1], très méfiants, et par conséquent dangereux. Ce n'est que depuis quel-

1. Des expéditions organisées et commandées par les frères Poncet.

ques années qu'ils ont commencé à comprendre que les barques n'avaient d'autre but que le commerce, depuis lors ils sont devenus traitables et confiants.

Les Schellouks, qui parlent une langue particulière, sont les seuls nègres riverains du fleuve Blanc qui aient un chef jouissant d'une certaine puissance. Ce souverain n'a pour hommes d'État qu'un simple conseil, formé des chefs des villages voisins de Dénab. Bien qu'il n'ait pas un grand pouvoir, il n'en a pas moins beaucoup d'influence.

Ce monarque punit par des amendes les vols et quelquefois les meurtriers. Néanmoins ces derniers subissent ordinairement leur châtiment à coups de lance et de bâton. Dans chaque village il y a un chef, nommé par le roi, pour maintenir le bon ordre, et surtout pour surveiller le monopole de la vente des dents d'éléphants que se réserve Sa Majesté. Le Schellouk qui est pris sur le fait en vendant de l'ivoire, est aussitôt puni. Le roi lui enlève tout ce qu'il possède.

Le royaume des Schellouks est héréditaire. Le roi ne meurt jamais d'une mort naturelle

et tranquille, ce qui est considéré comme trop
commun, par conséquent indigne d'un roi aussi
grand. Au moment de son agonie, les Schellouks
le percent de trois ou quatre coups de lance. De
cette manière, ils l'exemptent d'une mort humi-
liante.

Dénab, la résidence royale, se compose d'une
centaine de huttes en paille, toutes habitées par
les femmes de Sa Majesté. Elles sont entourées
d'une enceinte carrée formée d'une haie (*zaribba*)
en joncs. Un canton de ces huttes est destiné
aux femmes grosses et à celles qui sont malades. Une autre grande hutte, qui se distingue
des autres par sa construction, est réservée
pour la trésorerie. On y trouve de l'ivoire, beaucoup de verroteries, des toiles et des sabres,
que le roi a reçus en cadeau des marchands
arabes. Ce lieu est considéré comme sacré,
c'est pourquoi il n'y a que les favoris de Sa Majesté qui puissent y entrer. Aux quatre coins,
en dehors de cette enceinte, il y a une autre
petite zaribba (haie), dont chacune contient
environ une cinquantaine de nègres qui forment
la garde particulière du roi : au devant de cette
enceinte royale, on voit plusieurs gros tama-

riniers dont un principalement couvre de son
ombre le siège de Sa Majesté. C'est aussi en ce
lieu que se tient le conseil et se rendent les juge-
ments. Les pères qui ont de jolies filles, se font
un honneur de venir les présenter aux pieds du
roi, de sorte que le chef des Schellouks compte
plus de femmes que n'en peut avoir le Sultan.

On verra par les quelques lignes qui suivent
jusqu'à quel point il est permis de compter sur
la parole d'un roi nègre, et de quelle manière il
reçoit les avis de son conseil.

« En 1860, dit Jules Poncet, mon frère
Ambroise s'arrêta au-dessus de Dénab, pour
essayer d'obtenir du roi des Schellouks la permission de chasser dans ses États. Comme ce
monarque n'a jamais voulu recevoir aucun
blanc, mon frère dut lui envoyer notre reis
Oued-Khalled, et un de nos employés nommé
Messaad, qui ayant habité chez les Schellouks,
parlait bien leur langue. Mon frère envoyait
à Sa Majesté à titre de cadeau plusieurs sacs
en indienne, pleins de différentes verroteries.
Nos émissaires partirent de la barque, traversèrent deux gros ruisseaux pour arriver à
la résidence royale. Ils s'assirent sous un tama-

rinier, et quelques minutes après s'être fait
annoncer, le roi sortit de son palais, tenant sa
pipe d'une main et son bâton de l'autre, du
reste nu comme tous ses sujets; il alla s'asseoir
sous son arbre particulier. Un nègre vint alors
dire à nos gens de s'approcher. Ils marchèrent
dans la direction du roi jusqu'à une distance de
quinze pas, puis s'agenouillèrent en marchant
sur les pieds et les mains, selon l'usage, jusqu'à
la distance de trois ou quatre pas de Sa Majesté,
qui reconnut d'abord Messaad, à qui elle dit :

« — Messaad, pourquoi es-tu venu?

« Ce dernier répondit, ce qui était la vérité,
que les Schellouks, après avoir tué son frère
l'année précédente, l'avaient dépouillé de tous
ses biens, et qu'à la suite de ces malheurs, il
s'était retiré auprès d'un blanc, qui lui avait
donné des armes et des hommes pour chasser;
que ce même blanc saluait le roi et lui envoyait
par son intermédiaire quelques sacs de verroteries, avec prière de lui permettre de chasser
l'éléphant, ainsi qu'à lui Messaad, connu de
tous les Schellouks, et duquel l'on n'avait rien à
craindre.

« Le roi, sans dire un mot, ouvrit les sacs qu'il

regarda attentivement; il en prit deux contenant les plus belles verroteries ; puis il distribua le reste à ses gens. Il parut satisfait, et après avoir gardé le silence quelques minutes, il dit à Messaad :

« — Retourne auprès de ton blanc, et dis-lui que je donne pleine permission à Messaad de chasser dans mes États, et que, dès demain, j'en avertirai les chefs de tous les villages.

« Nos deux émissaires se trouvant très satisfaits de cette promesse, le remercièrent en termes flatteurs, et se retirèrent en marchant sur leurs pieds et leurs mains comme ils étaient venus. Ensuite, ils s'en vinrent raconter à mon frère le résultat de leur ambassade. Le lendemain, Messaad et ses hommes sortirent pour aller chasser. Déjà ils étaient en route, quand mon frère les rappela d'après un contre-ordre de Sa Majesté, que deux émissaires lui avaient apporté peu après leur départ.

« Les députés de ce monarque remirent à mon frère de la part de leur maître, deux bœufs en cadeau, et lui dirent que son conseil l'avait déterminé à retirer sa parole pour cette permission de chasse, ajoutant que les Turcs prenaient

le prétexte de chasser pour s'emparer de ses
États, et que, d'après cette réflexion, Sa Majesté,
ne permettait pas à Messaad de chasser, et
qu'en outre, il invitait mon frère à partir tout
de suite avec ses gens.

« Un de ces émissaires, qui s'appelait Cheik
Abder-Rhaman, nous assura, en langue arabe,
que c'étaient les conseillers seuls du souverain
qui l'avaient fait revenir sur sa promesse. »

Les Schellouks sont divisés en deux classes :
ceux qui habitent depuis Héllet-Kaka jusqu'en
face de l'embouchure du Saubat, sont pour ainsi
dire considérés comme nobles ; tandis que ceux
qui sont plus haut, sont regardés comme leurs
esclaves. Les Schellouks sont de grands voleurs ;
ils sont lâches et traîtres, et n'attaquent jamais
que par surprise ; leurs seules occupations sont
la chasse et le pillage, mais surtout la chasse
aux hippopotames et aux crocodiles. Ils ne sont
pas errants comme les autres nègres. Boire la
mériça (sorte de bière), fumer la pipe au son du
tambourin et de la *rababa* (espèce de guitare à
cinq cordes), à côté des femmes qui dansent,
est leur seule grande joie et leur unique ambition.

Les Schellouks partagent avec leurs chefs ce qu'ils rapportent de leurs vols dans leurs expéditions, qui se composent de trente à cinquante pirogues, montées chacune par quatre ou cinq nègres. Elles descendent le fleuve jusque tout près des Lahaouinn, vivant de chasse et de pêche, épiant les Arabes, ou plutôt les Dinkas, à qui ils cherchent à dérober quelques vaches qu'ils font monter d'île en île jusque chez eux. En temps de paix, et la paix n'est durable que pendant la lune du mois qu'elle a été conclue, ils font le *souk* (marché) avec les Abou-Rof, les Sélems et les Dinkas. Dans les marchés les Schellouks vendent aux Abou-Rof et aux Sélems des lanières d'hippopotame et du musc de crocodile qu'ils donnent en échange contre du grain ou de la viande sèche et du tabac.

Les Schellouks du sud font leurs expéditions sur le Saubat, ou bien s'en vont jusqu'à l'embouchure du Bahr-el-Gazal, cherchant ainsi à voler par surprise les Djangués qui sont sur la rive gauche, ou les Nouairs, sur la droite. Les gros ustensiles que prennent les Schellouks pour la chasse, dans leurs expéditions, font croire que lorsqu'ils se mettent en campagne, ils

comptent beaucoup plus sur la chasse à l'hippopotame et au crocodile, qui est leur principal
but, que sur leurs vols. Ils font sécher, au
soleil, la viande qui leur sert de nourriture pendant des mois entiers.

Les jeunes filles des Schellouks sont très laides
et complètement nues jusqu'à leur mariage, qui
se fait chez eux, comme chez tous les nègres, à
un âge très avancé. Elles se couvrent alors le
milieu du corps avec deux peaux, une devant
et une derrière, qui s'unissent seulement à la
ceinture, de sorte que les côtés extérieurs des
cuisses restent à découvert. Un nombre plus ou
moins grand de bœufs, selon le pouvoir de
l'époux, est la dot de la future. Quand elle ne
veut plus de son mari, elle s'en retourne chez
son père, qui est alors obligé de rendre les
bœufs, même après des années entières d'union.
Pour ne point revenir sur ce sujet, je dirai que
cette pratique est commune à tous les nègres
du fleuve Blanc. Les Schellouks ressemblent par
leurs mœurs aux autres nègres.

Les montagnes qui sont à l'ouest et au nord-
ouest des Schellouks, et que j'ai placées dans
ma carte, d'après Mohamed-Kher-el-Faqui,

sont pour la plupart habitées par des nègres qui parlent une langue particulière.

Ceux qui sont sur les montagnes du nord-ouest cherchent, autant qu'ils le peuvent, à voler les caravanes qui vont au Darfour; tandis que ceux à l'ouest des Schellouks ne descendent jamais de leurs montagnes, où ils ont de l'eau et où ils sèment, pour ne pas se laisser surprendre par les Haouasma, qui font paître leurs troupeaux au pied de ces montagnes.

Le lac Abiad, que j'ai placé entre le 12ᵉ et le 11ᵉ degré de latitude, et le 25ᵉ et le 26ᵉ de longitude, d'après les renseignements d'un Djaalin que j'ai rencontré à Karkadj, lequel a passé deux ans sur le Bahr-el-Arab avec les Djangués et les Baggara-Houmour, a ses bords habités pendant la saison sèche par les Baggara-Houmour, qui sont toujours en guerre avec les Nouairs et les Djangués.

Les Baggara-Houmour, d'après ce qui m'a été dit, ont les mêmes habitudes et la même langue que les Sélems; ce qui porte à croire, et ce dont je suis persuadé, qu'ils forment une même race avec leurs voisins d'ouest et de nord-ouest, les Rizégal, et ceux du nord, les Haouasma.

La langue, le type, les mœurs et les habitudes de ces quatre tribus baggara, Sélem, Sélem-Baggara, Houmour, Baggara-Rizégat, étant tout à fait les mêmes, on peut croire qu'ils formaient autrefois une même tribu avec les Haouasma. Ils disent qu'ils sont venus, il n'y a pas longtemps, de l'ouest.

Plusieurs des affirmations de Jules Poncet, dans le passage que nous venons de citer, ne sont point complètement corroborées par la relation des voyages de Schweinfurth dans les mêmes régions. Nous n'avons pas à essayer de mettre d'accord le dire des deux négociants français avec celui de l'explorateur allemand qu'ils ont précédé au cœur de l'Afrique. Notre modeste travail n'a d'autre objet que d'indiquer la part qui revient à nos compatriotes dans notre initiation aux choses du continent africain.

IV

« Le commerce d'esclaves, dans toute la région du Haut-Nil, dit Schweinfurth, est non moins ta-

citement reconnu que, chez nous, les actes des
courtiers marrons ne le sont à la Bourse; et les
frères Poncet avaient eu beaucoup à souffrir de
leurs employés. Les accusations dont ils avaient
été victimes à cet égard, et la difficulté d'agir sur
les coupables leur avaient d'abord fait limiter
le nombre de leurs établissements dans le pays
du Haut-Nil, où d'ailleurs l'insignifiance des
bénéfices du commerce honnête ne leur permettait pas de lutter avec les compagnies voisines,
qui ne reculaient devant rien pour s'enrichir.
Puis ils s'étaient lassés des opérations qui,
malgré eux, se faisaient sous leur couvert, et
l'année précédente (1868), ils avaient cédé leurs
zéribas au gouvernement égyptien, dont ils
devaient toucher, pendant trois ans, tant pour
cent du chiffre des produits. C'est ainsi que la
dernière maison européenne s'est retirée du
commerce de l'ivoire dans la région du Nil
Blanc, où les Européens l'avaient fondé. Le
gouvernement vice-royal, qui supposait au monopole de ce commerce une brillante perspec-
tive, donna comme prix d'achat une somme
importante[1]; sa confiance toutefois ne paraît

1. C'est une erreur peut-être involontaire du docteur alle-

pas avoir été de longue durée, car il ne profita
même pas de la position qu'il avait acquise. »

Schweinfurth ajoute que le gouvernement
égyptien a cédé l'établissement de Mvolo au fils
du traitant Ghattas, avec privilège pour lui et ses
descendants.

Le traite des noirs s'exerce malgré la surveillance du gouvernement égyptien, et souvent
de connivence avec les agents de l'administration du khédive chargés de courir sus aux
traitants. Aussi, disons-le en passant, le gouvernement voit avec inquiétude s'aventurer les
Européens dans le Haut-Nil et vit perpétuelle-
ment dans la crainte de révélations fâcheuses
pour le prestige de son autorité.

Les frères Poncet ont été bien des fois témoins
des violences exercées par les habitants arabes
ou turcs qui se livrent à cet infâme trafic. Ceux-
ci se font soutenir par des soldats, — c'est le
nom qu'on leur donne, — recrutés à Khartoum
ou dans les environs de Berber et de Chendy,
où la misère chasse les cultivateurs de leurs

mand. Les neuf établissements furent cédés pour 90,000 francs,
à peine le quart de leur valeur réelle ; encore ce prix ne
fut-il jamais intégralement soldé, tout diminué qu'il fut par
d'énormes *backchichs*, ou pots-de-vin.

terres. Il ne faut pas croire que les traitants se
bornent à s'emparer des malheureux noirs qui
leur tombent sous la main, ni qu'ils organisent
des battues comme on le ferait pour le gibier, ce
serait là une manière peu savante de procéder;
les populations fuiraient devant les bandes
armées ou les attaqueraient, ce qui rendrait le
métier périlleux; de toutes façons, on épuiserait
rapidement le champ d'exploitation. Les traitants ont beaucoup plus d'habileté. Ils s'éta-
blissent en amis sur un territoire, se déclarent
les alliés de la peuplade voisine, attisent les
désaccords qui peuvent exister entre la peuplade
qu'ils soutiennent et les ennemis de celle-ci. Ils
offrent les secours importants de leurs armes à
feu pour terminer la querelle, mettent en avant
leurs crédules alliés, et après la lutte font main
basse sur le parti vaincu — quel qu'il soit. Transformer ensuite les « prisonniers de guerre » en
esclaves que l'on expédie sur les grands marchés
par Khartoum et Souakim, port de la mer Rouge,
est une opération facile pour laquelle il n'est plus
besoin que d'un peu de tolérance de la part des
agents subalternes de l'administration égyptienne. Depuis l'expédition militaire dirigée par

sir Samuel Baker dans les contrées du Haut-Nil, la police de la navigation étant un peu mieux faite, les esclaves sont conduits par caravanes sur la rive gauche du fleuve, ou encore, sont dirigés au nord par le Darfour. Mais ce dernier moyen d'échapper à la surveillance des fonctionnaires égyptiens va manquer bientôt aux marchands d'esclaves. On sait que le khédive a achevé la conquête du Darfour et a divisé les États du sultan dépossédé en quatre provinces égyptiennes. Ce sera là une restriction de plus apportée à la traite des noirs ; car si annuellement un millier de ces malheureux sont encore dirigés en fraude par la voie d'eau, quinze ou vingt mille d'entre eux prennent par caravanes le chemin du Darfour.

Un noir africain a une valeur de cent à cent vingt-cinq francs.

Ce qui favorise le trafic des esclaves, c'est la possibilité de réaliser de superbes bénéfices sur eux, sans même avoir besoin de les exporter. Samuel Baker nous apprend dans le récit de son récent voyage que, dans l'Ounyoro, « une jeune fille, bien constituée, a une valeur fixe : une défense d'éléphant de première classe ou une che-

mise neuve. Chez les Aletésé, dans l'Ouganda, où
les indigènes sont de fort habiles tailleurs et pel-
letiers, on demande surtout des aiguilles. Avec
trente aiguilles anglaises, on peut acheter une
superbe fille! Ce pays est donc un excellent
marché pour les chasseurs d'esclaves, puisqu'une
fille, payée trente aiguilles dans l'Ouganda, peut
être échangée dans l'Ounyoro contre une
dent d'éléphant, valant, en Angleterre, de 500 à
750 francs. »

A l'heure qu'il est, le gouvernement égyptien,
s'il suit les conseils de sir Samuel Baker,
entrera définitivement en possession du monopole de l'ivoire. Tous les trafiquants ou fermiers
du Nil Blanc et de la région des Lacs seraient
alors chassés des territoires qu'ils exploitent.
Le commerce honnête verrait enfin son inaugu-
ration, et les produits des fabriques européennes
s'échangeraient contre l'ivoire « avec un bénéfice
fabuleux ».

« Si la civilisation de l'Afrique est possible,
elle ne saurait être effectuée que par le commerce
qui, une fois établi, ouvrira la voie aux missionnaires. Mais toutes les idées philanthropiques,
ayant pour objectif la constitution du commerce

en Afrique et l'amélioration de la race noire, resteront à l'état d'utopie tant que la traite n'aura pas cessé d'exister. »

Voilà ce qu'écrivait sir Samuel Baker, il y a quelques années. La haute valeur qui s'attache à son opinion nous dispense de rien ajouter à ces considérations.

V

Cette étude serait absolument incomplète, si nous ne citions le rapport adressé, en mai 1868, par les frères Poncet, à M. le marquis de Chasseloup-Laubat, président de la Société de Géographie, rapport qui résume leurs travaux, et fixe l'importance de leurs découvertes.

« Arrivés de Khartoum, il y a deux mois, nous nous empressons aujourd'hui, sans plus de retard, de vous envoyer un rapport sur les découvertes que nous et nos gens, venons dernièrement de faire, ainsi qu'une carte dressée d'après des observations scrupuleusement recueillies avec une simple montre et une boussole; ne serait-ce qu'à titre de renseignements, ce rapport sera, nous osons l'espérer, bien accueilli de l'honorable Société de Géographie.

« Outre nos établissements des Rol et des Djours, nous avons formé, il y a bientôt deux ans, deux établissements dans l'intérieur du pays des Niam-Niams ; et, voyageant toujours vers l'ouest et le sud-ouest, nous avons trouvé, à trente-deux jours de marche de l'escale d'Ab-Kouka, entre le 4ᵉ et le 5ᵉ degré de latitude nord et les 22ᵉ et 23ᵉ degrés de longitude est, un grand fleuve, coulant du sud-est vers l'ouest-nord-ouest ; il est appelé Baboura par les riverains et Bahar-Mouboutou par nos gens. Ce fleuve, qui vient évidemment du lac Luta-N'zigé, se divise vers le 4ᵉ, puis vers le 13ᵉ degré de latitude nord et le 22ᵉ degré de longitude est, en deux branches : celle de l'est, sous le nom de Soué, coule au nord-ouest sur un terrain accidenté pour aller former, probablement, le Chary ou Asu se jetant, après sa jonction avec le Bagoun ou Babaï, dans le lac Tchad ; la branche d'ouest, beaucoup plus considérable, conservant le nom de Baboura, continue à couler vers l'ouest-nord-ouest, jusques environ vers le 6ᵉ degré de latitude et le 18ᵉ degré de longitude, où, selon les Mon-

boutou, après avoir reçu un affluent assez important, venant du sud-est, cette branche se jetterait
dans un grand lac aux trois quarts marécageux
(mentionné aussi par les gens d'Ali-Samouri,
qui lui ont donné le nom de Birka-Métouasset),
pour ressortir aux extrémités nord et ouest de
celui-ci en deux branches dont l'une, celle du
nord, créerait le Bagoun ou Babaï, allant rejoindre le Chary au sud du lac Tchad; tandis
que l'autre branche, beaucoup plus considérable,
sortant de l'extrémité ouest, irait, selon toute
apparence, donner naissance au Benoué-Niger
d'est, ou tout au moins à un affluent du Bénoué,
le Kebbi, qui, en ce cas, serait plus important
qu'on ne suppose, et mériterait peut-être qu'on
lui accordât l'importance donnée au Bénoué
même.

« Cette idée de communication du Niger et du
Nil par les lacs équatoriaux n'est point tout à
fait neuve : sans doute il ne s'en trouve aucune
trace dans Ptolémée; mais plus de mille ans
après lui les géographes arabes El-Edrici
et Abou el-Fédah la présentaient comme certaine. Aujourd'hui, à notre tour, nous nous
croyons autorisés à la faire renaître, par la sup-

position toute simple qu'il n'est pas possible que le Baboura, fleuve au moins aussi grand que le fleuve Blanc, en recevant un autre presque aussi important que lui, puisse aller mourir soit dans le premier lac Métouasset, soit, par le Bagoun ou Babaï, dans le lac Tchad. On sait qu'il ne sort aucun cours d'eau du lac Tchad. — Le Bagoun ou Babaï, n'apportant plus au lac Tchad qu'une faible partie des eaux du Baboura, où irait donc l'autre partie, trois fois plus considérable, qui, sortant, selon les Monboutou, de l'extrémité ouest du lac Métouasset, se dirige à l'ouest, juste du côté du Bénoué ou tout au moins du Kebbi? — Question à laquelle la France doit s'occuper de répondre, car elle est, plus que tout autre, intéressée à lier des communications entre l'Algérie, le Sénégal, le Gabon et l'Afrique centrale.

« Aussi nous espérons que, pendant que M. Le Saint tâchera de passer de notre établissement des Monboutou à la côte occidentale, d'autres personnes, pleines de bonne volonté, pourront être chargées d'aller explorer le haut Bénoué.

« M. Le Saint est parti de Khartoum le 14 octobre dernier, sur l'une de nos deux barques

envoyées pour aller ravitailler nos établissements [1]. Arrivé à Ab-Kouka, notre escale, uni à
notre personnel, il laissera les barques, et avec
nos hommes il prendra la route de l'intérieur,
vers notre établissement de séjour, puis vers
celui de Battia et de Banda, et enfin vers celui
de Monboutou, formé tout récemment sur la
rive gauche de Baboura. Là, notre voyageur
s'établira et attendra les subsides qu'il a deman-
dés à la Société avant son départ de Khartoum.
Pendant cet intervalle, notre explorateur étant
sérieusement recommandé, rien de tout ce qui
sera en possession de nos gens ne lui manquera ;
il sera vu et respecté de ces derniers comme
l'un de nous. Pour bien se rendre compte du
pays qui l'entoure, il accompagnera, chaque
fois que l'occasion s'en présentera, nos gens
allant faire de temps à autre des excursions plus
loin vers le sud et l'ouest. De cette façon il
pourra recueillir, en attendant le moment favo-
rable d'effectuer la moitié du chemin qui lui
reste à faire pour passer au Gabon, des documents très précieux, et il pourra nous donner

1. Le lieutenant Le Saint mourut chez les frères Poncet au
retour de cette expédition.

des notes plus précieuses encore, si le matériel
pour la construction de deux barques sur le
Baboura parti avec lui de Khartoum, a trouvé
àAb-Kouka, immédiatement, des porteurs; car
alors, une fois ces deux barques finies et vo-
guant sur le Baboura, il pourra, par elles, arriver jusqu'au lac Luta N'zigé, et au nord jusque
dans le lac Tchad.

« Quant à nous, certains de la communication
au moins du lac Tchad avec les lacs équatoriaux, par le Soué ou Chary et le Bagoun ou
Babaï, nous avons envoyé notre expédition, avec
les barques qui ont porté M. Le Saint, et tout le
matériel et le personnel nécessaire pour construire deux barques sur le Baboura. Le pavillon
français flotte déjà sur la cime de tous nos
comptoirs, des Rol. des Djour, des Niam-Niams
et des Monboutou; par le moyen de nos deux
barques il flottera bientôt sur le lac Luta-N'zigé,
le lac Tchad, et peut-être sur le haut Niger
d'est.

« Les deux rives du Baboura dont une, celle
d'est, vers notre établissement, est haute, et
celle d'ouest, basse et marécageuse, sont habitées, près de notre comptoir, par les Monboutou

et par les Ongourou. La tribu des Monboutou, à
l'ouest des Niam-Niams, desquels elle est séparée
par un pays inhabité et large de cinq à six jours
de marche, semble appartenir à la famille des
Foulbé; elle parle une langue différente de celle
des Niam-Niams. D'un teint plus clair, d'un esprit vif et pénétrant, et plus industrieux que
leurs voisins d'est, les Monboutou ont une idée
déjà plus nette d'un Être Suprême, et couvrent
leur nudité avec l'écorce de *rako*, laquelle une
fois bien battue, devient un vrai tissu. Riches
en fruits et en précieuses racines que produit,
sans travail, la féconde nature de leur sol, ils
sèment très peu, se nourrissent généralement
de bananes, de fruits à crème, de dattes rouges,
à grappes excessivement serrées, de l'alob, de
la canne à sucre, et enfin d'une infinité d'espèces
de racines qu'ils réduisent en poudre, et dont
le goût, tout en variant, ne sort guère de celui
de notre pomme de terre. Ils remplacent le
beurre, moins abondant chez eux, vu leurs richesses limitées en troupeaux, par l'huile de
palmier. Ils portent la barbe et les cheveux
longs; ils unissent ceux-ci en une seule tresse
commençant au coin de l'oreille et qui, étant

roulée en tire-bouchon bien serré, fait le tour de la tête et va finir à l'occiput. Leurs habitations propres et spacieuses, faites en forme de dos d'âne, et coniques, sont bien mieux construites que celles des contrées du fleuve Blanc. Leur jeune roi, nommé Kagouma, venant de remplacer, il y a juste un an, son frère devenu vieux, reçoit les visites dans une grande bâtisse en forme de dos d'âne, longue de 24 mètres et large de 9 mètres, construite en poutres longues et légères, peintes intérieurement en bleu, rouge, vert et jaune, avec des couleurs végétales du lieu. Ce même roi élève, pour son agrément, de grosses perruches grises, à queue rouge, des chimpanzés et des gorilles. Les Monboutou, plus habiles aussi à travailler le fer et le bois que les Niam-Niams, se font de grandes pirogues goudronnées avec une espèce de poix retirée de leurs forêts; ils remontent et descendent le Baboura.

« Les Ongourou, appelés vicieusement Gourgourou par nos gens et ceux des établissements du Bahar-el-Ghazal, s'étendent assez loin vers le nord-ouest, et parlent, ceux du sud au moins, la langue des Niam-Niams, mélangée de beaucoup de mots monboutou.

« Quant à la grande famille des Niam-Niams, bornée au nord par les Fertit, à l'ouest par les Monboutou, au sud par le lac Luta-N'zigé et à l'est par le Djour, elle parle, sauf quelques petits changements occasionnés par les voisins étrangers, la même langue et se divise en plusieurs petites tribus dont chacune porte le nom du roitelet qui, momentanément, la gouverne. C'est sans doute là le motif qui fait qu'on trouve des changements dans le nom de quelques tribus.

« Les Niam-Niams ont la couleur des races intermédiaires entre le noir pur et l'homme cuivré. Idolâtres et d'une intelligence bornée, ils admettent l'inceste, monstruosité qui n'existe dans aucune contrée de tout le littoral du fleuve Blanc. Les Niam-Niams, pour épouvanter leurs ennemis seulement, sont positivement anthropophages.

« Le Bahar des Djour, dont le cours est jusqu'ici encore inconnu, doit certainement sortir du lac Luta-N'zigé; arrivé dans la tribu de Mondouh, où il est nommé Bibi, il coule, pendant environ un quart de degré, à travers de petits rochers; puis, suivant la direction nord-ouest, il revient passer au milieu des Niam-Niams, à l'ouest de notre établissement de Batia, où nos gens lui donnent le nom de Bahar-Kakonda ou Sakonda, puis il va passer à l'ouest de Bazinbé, plus bas à l'est de Bauda, où il commence à prendre le nom de Bahar-el-Djour ; et après avoir reçu le Bahar-Cazinga et le Bahar-Ouâa, torrents d'une légère importance, il fait un détour assez brusque vers l'est, pour venir, à travers de longs marécages, former au-dessous du lac marécageux de Réik, le Bahar-el-Ghazal, lequel ne recevant aucun autre affluent sérieux, ne doit être considéré que comme la continuation de ce premier, que l'on peut alternativement appeler Bibi, Bahar-Sakonda ou Kakonda, Bahar el-Djour et Bahar-el-Ghazal.

« A l'est du Bahar-Sakonda coule parallèlement, sur les limites des Djour et des Niam-Niams, une autre rivière petite, asséchant quelquefois, nommée par nos gens Bahar-Tondj, laquelle, après avoir traversé du sud-est au nord-ouest cette dernière tribu, ferait un coude vers le nord-est pour venir, en serpentant, traverser la tribu des Elouadj et se jeter dans le lac Nô.

« Quant au Jaïe, venant du sud, et affluent probable aussi du lac Luta-N'zigé, après avoir

passé au Niambara, il se dirige vers le nord
pour diviser en deux la tribu des Boufi, des
Atot, et venir, sous le nom de Bahr-Djemit,
incontestablement déboucher dans le lac Djack,
lequel filtre dans le Kir, à travers les roseaux.
Au sud des Bouffi, sortirait de la rive occidentale
du Jaïe, une petite branche venant plus bas
former la rivière des Rol, qui va se déverser,
pendant la moitié de l'année seulement, dans le
lac Nô.

« A l'est du Jaïe coule encore, pendant la
saison des pluies, un autre torrent très impé-
tueux appelé Kher-Erambé ou Khor-Lamgodjo,
par le personnel des établissements du Niambara, et Elgal par les Elliabs. Ce torrent, après
avoir cheminé sur les limites est du Niambara,
vient passer au milieu des Madar et se jeter
plus bas dans le Kir, au-dessous de Helat-Doub.

« Quant au Bahar-Zaraf, que nous avons cru
nous-mêmes être un affluent du Bahar-el-
Djouba (affluent du Saubat), il n'est plus, positivement, que la continuation du canal des
Touidj, sortant du Kir, au-dessus de Helat-Doub.

« Plus bas, à cinq lieues du lac Nô, le fleuve
Blanc a commencé, il y a près de quatre ans, à

s'obstruer d'une rive à l'autre, d'une couche de
roseaux. Cette couche, devenue totalement dure
et de plus en plus épaisse, jusqu'à servir de
pont aux troupeaux qui veulent passer d'une
rive à l'autre, se prolonge toujours davantage.
Les barques que nous devions nécessairement
envoyer annuellement pour ravitailler nos établissements, passaient, jusqu'à l'année dernière,
cet accident du fleuve, à force de pioches, en se
creusant, avec beaucoup de peine, un canal qui,
aussitôt le passage effectué, se rebouchait
immédiatement. Cette obstruction, devenue
réellement sérieuse et sous laquelle le fleuve
continue à couler, aurait été, pour nous surtout,
une fatalité, si, la Providence venant à notre
aide, ne nous avait ouvert une voie nouvelle,
consistant en un marécage qui s'est quelque
peu déblayé ; sortant de la rive droite du Kir,
au-dessus de l'embouchure de celui-ci dans le
lac Nô, il vient communiquer, de juin à janvier
seulement, au-dessous de l'obstruction dont nous
venons de parler.

« Ayant visité pendant seize ans consécutifs,
et en tous sens, la plus grande partie des pays
que notre carte renferme, nous sommes nous-

mêmes nos principaux informateurs. Quant aux
pays nouveaux que nous avons tracés d'après
les indications fournies par nos gens et par ceux
des autres établissements, nous connaissons
trop bien le caractère de nos informateurs, et
trop bien le pays en général, pour n'avoir pas
su réduire les renseignements à leur juste
valeur. Pour les directions, la boussole a été le
plus souvent notre guide. Dans l'évaluation des
distances, nous avons compté cinq lieues géographiques pour chaque jour de marche effectué
dans les pays habités, et six lieues pour les pays
inhabités. Les directions, comme les distances,
ont été reproduites aussi consciencieusement
que possible, et nous ne pensons pas que les
erreurs de la carte puissent être très considérables. »

Les documents que nous avons cités dans
cette étude démontrent que c'est aux Français
qu'appartient la palme des découvertes dans
l'Afrique équatoriale, au nord des grands lacs
où le Nil trouve ses sources. Les Anglais ne
sont venus qu'après eux, et ont fait moins

qu'eux. encore qu'ils disposassent de moyens
d'action beaucoup plus considérables.

Quant au docteur Schweinfurth, plus lettré,
plus érudit, d'ailleurs plein de courage et d'é-
nergie, il a profité avec succès des tentatives
précédentes, et les frères Poncet lui ayant tracé
la voie, il a pu recueillir le bénéfice scientifique
de leurs entreprises que, malades, sans assis-
tance, dénués des ressources qu'il faut à ces
grandes expéditions, ils ne purent mener à
bonne fin, comme ils l'eussent fait, si le destin
cruel ne les eût prématurément arrêtés dans
leur carrière.

Lorsque Jules Poncet revint au Caire, puis à
Alexandrie, après la mort de son frère Ambroise,
il occupa les rares loisirs que lui laissait la maladie dont il souffrait, à écrire plusieurs rapports
au vice-roi d'Égypte, Ismaïl-Pacha, prince qui a
été bien diversement jugé, mais qui montrait
certainement beaucoup de bonne volonté et de
bonnes intentions pour gouverner son État.

Deux de ces rapports, qui empruntent une
singulière importance aux événements dont
l'Égypte a été depuis lors le théâtre, notamment en 1882, sont restés entre nos mains [1]. Ils
sont de nature à jeter quelque jour sur des
points ténébreux de la question égyptienne
actuelle. Il ne serait pas étonnant qu'Arabi-
Pacha les eût connus; Nubar-Pacha les a eus
certainement sous les yeux.

1. Une copie conforme faite, sous les yeux de son frère,
par la sœur de Jules Poncet, Mᵐᵉ Ch. B.

Je ne veux ni les affaiblir par un commentaire
que feront mieux que n'importe qui les gens ac-
coutumés aux pratiques de la politique musulmane, ni leur enlever, par un peu de « correc-
tion grammaticale », ce qu'ils ont de naïf dans
le style, d'enfantin dans la manière d'exposer
les idées.

Je tiens seulement à rappeler que Jules Poncet
partait pour l'Égypte à quatorze ans, ayant à
peine reçu les premiers éléments de l'instruction
primaire, telle qu'on la pouvait recevoir dans
un coin perdu des Alpes, dans les États Sardes,
et à la fin de la première moitié de ce siècle.

A SON ALTESSE ISMAIL-PACHA, KHÉDDÈOUI D'ÉGYPTE

RAPPORT SUR LA MANIÈRE LA PLUS ACCESSIBLE
POUR L'ÉGYPTE
DE SOUMETTRE A SON AUTORITÉ ET DE CIVILISER
LES CONTRÉES DU CENTRE AFRICAIN.

Le Caire, 1ᵉʳ avril 1860.

Altesse,

En ma qualité de moitié Égyptien, car si mon
sang et mon esprit sont restés français, mon

expérience développée sur son sol lointain lui appartient; et, persuadé que la mission de l'homme qui s'est trouvé tout comme moi dès son bas âge, dans des contrées primitives où tout est à faire, est de contribuer de toute sa force aux progrès de l'humanité, je viens, Altesse, par ce rapport qui, sans s'en douter, traite de l'avenir de la moitié d'un continent, appuyé sur dix-huit ans de consécutives expériences, vous dévoiler les secrets qui, sous votre inspiration civilisatrice, ne peuvent manquer de faire la gloire et la richesse de l'Égypte. Notre audacieuse époque est trop avancée, Son Altesse qui veut la prospérité et l'extension de ses provinces, trop clairvoyante, pour ne pas comprendre qu'il est enfin temps de triompher de la barbarie et de l'ignorance qui, depuis la naissance du monde, règnent sur toutes les contrées du centre africain, ses lointains domaines; pour ne pas penser sérieusement, une fois pour toutes, à propager, par la conquête, le commerce et l'agriculture, dans ces contrées favorisées de Dieu, la civilisation qui doit incontestablement faire monter l'Égypte à l'apogée de la puissance et de la gloire.

L'Égypte, comparativement à ses dépendances sans limites, est le bout d'un filon d'or excessivement long dont le haut Soudan est la source; l'idée fausse, erronée, qui s'est formée sur cette source qui a toujours eu le malheur d'être mal comprise, oubliée et en partie mal administrée, le manque absolu de moyens expéditifs de transport, fait que, jusqu'ici, on ne s'est occupé que du bout du filon sans avoir jamais pensé sérieusement à utiliser sa source.

Que l'on donne au Soudan une seule voie ferrée, et on le verra bientôt, comme par un effet magique, se transformer en une triple Inde. Celle-ci, est-elle comme lui sillonnée en tous sens par une infinité de grandes rivières presque toutes navigables, dont la plus petite a l'importance du Gange, qui toutes aboutissent à deux grands fleuves sublimes dont les cours lointains semblent ne pas avoir de fin? A-t-elle comme lui, des mers d'eaux douces dans son centre qui, par leurs affluents et leurs émissaires, promettent de pouvoir circuler vers tous les points, sur la moitié de tout un continent, jusque peut-être à l'océan Occidental? L'Inde, peut-elle être aussi riche en minéraux que le haut Soudan? Sa végétation est-elle plus puissante? La quantité et la variété des animaux qui peuplent ses forêts peuvent-elles lui être comparées? Ses habitants étaient-ils plus riches? L'Inde enfin, a-t-elle présenté aux Anglais, à l'aurore de sa civilisation, ce que nous avons au Soudan : des populations faciles, tout aussi intelligentes qui, du premier abord, auront conscience du bien qui leur arrive et tendront les mains avec joie à leurs civilisateurs? — Non, sans doute. Un avenir plus brillant, avec bien moins de dépenses, de temps et de peines est réservé très prochainement au Soudan. Dans cette conviction, sans un plus long préambule, je vais avoir l'honneur de démontrer à Son Altesse, par deux catégories de conquêtes différentes : l'une instantanée et définitive et l'autre provisoire, la façon que je crois la meilleure d'attaquer cette œuvre, beaucoup moins difficile à effectuer qu'on le suppose, et qui n'est pas du tout (que Son Altesse veuille bien le croire), une chimère.

Pour ne pas embrasser trop, pour ensuite risquer de se mettre dans le cas de tout confondre, je dirai, après avoir fait remarquer à

8.

Son Altesse que c'est spécialement des contrées du fleuve Blanc que je veux parler, que, pour le début, il suffirait, comme question de conquête définitive de s'emparer des pays des Schellouk et des Dinka inférieurs, bornés au nord par les Ab-Rofs et les montagnes de Gouli; à l'ouest, par le fleuve Blanc; au sud par le Saubat et à l'est par la montagne de Doul, contrée riche et saine qui, à cause de son voisinage de provinces déjà soumises, est facile à conquérir et mérite, comme celle des Schellouk, d'être confondue, un moment plus tôt, avec les provinces de Khartoum.

Pour s'emparer de ces deux tribus, il faudrait, d'un seul coup, disséminer dix mille hommes sur tous les points principaux, répartis de la manière suivante, ainsi qu'ils sont marqués dans la carte ci-jointe.

La tribu des Schellouk et celle des Baggara-Selem, que pour le moment je confondrai en une unité, étant toute riveraine et déjà habituée à reconnaître un chef absolu, pourra être aussitôt soumise et administrée avec trois mille hommes divisés en trois compagnies; une faisant son siège principal à Hellet-Kaka, pour s'emparer et

administrer l'extrémité nord de la tribu de Mokhadda-el-Anz, jusque près de Fachoda ; l'autre
faisant son chef-station à ce dernier point, puisque déjà on y est, pour prendre possession et
administrer le centre jusqu'en face de l'embouchure du Saubat ; et enfin la troisième plaçant
son siège principal à Ab-Ocher pour se rendre
maître et gouverner l'extrémité sud.

Et celle des Dinka, avec les sept mille hommes
restants divisés en quatre compagnies : la première faisant son siège principal à l'embouchure
du Piper, pour s'emparer et administrer la rive
de Mokhadda-el-Anz, en haut, jusqu'à l'embouchure du Saubat et vingt lieues est environ,
tout le long dans l'intérieur ; la deuxième posant
son chef-station sur l'embouchure de la rivière
Adoura, pour prendre possession des rives de
cette dernière rivière, de celles du Saubat et des
pays qui sont au nord ; la troisième plaçant son
point général aussi haut que possible de sa
jonction avec Bahar-el-Djouba, sur la rivière
des Bondjiak, sur la même longitude environ
que Fadassi, pour s'emparer des rives de cette
dernière rivière, de celles, au nord, de Guilo,
du haut Adura et des pays qui sont au sud de

Doul et de Fadassi ; et enfin la quatrième faisant
son chef-station au milieu de la tribu, sur le
haut de la rivière Gial qui débouche dans le
fleuve Blanc, près de la Gourza Djourab-el-
Aich, pour conquérir et administrer le centre
et avancer ses dominations au fur et à mesure
vers les autres stations qui, comme elle, auront
soin de venir à sa rencontre.

Cette deuxième et cette troisième station étant
placées dans des pays tout à fait neufs auront,
à part le lot que nous leur avons destiné : la
deuxième, à propager son influence par des
excursions commerciales vers le sud, chez les
Nouers-Balok, les Bondjiak et les Djouba ; à former sur la rivière de ces derniers un comptoir
commercial. Et la troisième station aura à
explorer consciencieusement, à l'est et au sud-
est, les limites occidentales de l'immense plateau
aux trois quarts Galla qui, de l'Abyssinie se
dirige au sud jusqu'au Kénia et Kilimandgero,
pour s'assurer d'une façon irrévocable, par des
exploitations rigoureuses, de l'importance des
mines d'or qui, par les torrents qui découlent
du versant ouest de ce plateau, vont sans doute
alimenter les couches prétendues accidentelles

de ce précieux métal que l'on exploite dans les
contrées de Fasougl.

Si, comme quelques-uns le supposent, l'or
exploité dans cette dernière contrée n'était que
le produit de quelques misérables couches accidentelles et non pas de couches formées par des
dépôts qu'ont laissés les eaux torrentielles venant
du sud-est, comme tout nous engage à le croire,
depuis le temps immémorial qu'on l'exploite, il
aurait dû être épuisé, tandis que son produit en
est resté à peu près le même ; les huit dixièmes
de la quantité d'or qui circule en anneaux, en
Abyssinie comme au Soudan, ne venant pas des
contrées de Fasougl, mais bien des Galla qui
sont à l'est et au sud-est de Fadassi, viennent
d'ailleurs à l'appui de ma logique présomption.
C'est là une question d'une importance sans
égale que l'illustre Mahomet-Aly a accostée trop
au nord et trop superficiellement, qui mérite
toute l'attention, et que désormais l'on devrait
aborder avec ténacité des deux côtés : par le
Saubat et Fadassi.

Cette dernière ville qui, indépendamment du
privilège que Dieu lui a donné en la plaçant au
milieu des contrées aurifères, possédant un

grand et riche marché où débouche la plus
grande partie des produits galla, comme ceux de
l'Abyssinie découlent par Galabat, devrait, tant
à cause de son importance présente et future
que pour former le complément du cadre que
nous voulons faire pour renfermer la tribu des
Dinka, tant aussi que pour fermer de ces côtés
la retraite des tribus mécontentes soumises aux
provinces de Khartoum, être occupée au moins
par un millier d'hommes qui seraient sous la
domination et la direction de la mouderieh de
Sennar.

Les tribus Dinka et Schellouk soumises, cette
première scindée en deux mouderiehs et la seconde laissée en une, les maamouries établies,
et chacune des chefs-stations ainsi que celles
plus petites qui auront été nécessairement créées
par elles, ayant eu les bonnes précautions de
faire que la naissance de chacune d'elles soit,
proportionnellement à ses forces et à son importance, la fondation d'une ville, d'un village.
on commencera à créer à ses habitants des
besoins, en les forçant par exemple, à se vêtir ;
ne connaissant pas les métaux monnayés, on
leur posera aussitôt des impôts qui, par leur

nature, fassent qu'ils se développent et les for-
cent au travail. Le commerce ayant été en tous
temps et en tous lieux l'avant-coureur et la base
des conquêtes, et de la civilisation des peuples
primitifs, comme ceux-ci, c'est par lui et l'agriculture qu'on devrait nécessairement les préparer à l'avenir meilleur qui les attend. L'ivoire,
les plumes, les peaux, etc., tous les produits de
chasse, seules choses dont ils savent faire un
peu cas, étant des produits sujets, un jour en
plus grande partie, à être épuisés, c'est à l'agriculture, particulièrement en produits végétaux et
agricoles tels que : gommes, tamarins, tannins,
grains, césame, doura, coton, tabac, etc., qu'on
devrait tout d'abord percevoir les impôts ; on
leur donnerait pour cela les graines qui leur
manquent, et pour les initier un moment plus
tôt à la chose, il serait indispensable d'adjoindre
à chacune des stations conquérantes quelques
familles égyptiennes et européennes qui voulussent bien coloniser.

La tribu des Schellouk et celle des Dinka,
indépendamment de leurs richesses illimitées en
troupeaux, en produits de chasse, de la fertilité
phénoménale de leur sol coupé en tous sens par

une infinité de rivières et de ruisseaux qui donnerait tous les produits de l'Inde, de la multitude de leurs étangs qui feraient de si belles rivières, de l'immensité de leurs forêts vierges, composées, à part le Soutt, si abondantes et si utiles pour la construction des barques, de bois tous plus précieux les uns que les autres; indépendamment enfin de leur climat tempéré par les pluies, de la beauté agréable et solennelle du pays en général, sont d'une richesse sans égale en gommes, trésor perpétuel, sans travail, jusqu'ici totalement perdu, qui est appelé à cause de son importance, à part les autres points tout aussi essentiels que je viens de nommer, à faire de ces deux dernières tribus les plus florissantes mouderiehs du Soudan: il suffit de dire, pour concevoir la valeur de ce dernier produit que les maamouries de Korkodg et de Dabarki dont la superficie n'est pas plus de soixante-dix lieues, donnent annuellement quarante mille quintaux de cette résine.

Quelles compensations donc n'avons-nous pas le droit d'attendre avec de pareilles richesses de nos deux tribus qui, la plus petite, si nous lui mettons des limites, peut former au moins qua-

rante maamouries comme celles qui nous ont
servi de comparaison?

La tribu des Schellouk, tout aussi bien que
celle des Dinka, possède dans son intérieur une
grande quantité de minéraux; le fer y abonde.;
l'or le plus pur s'exploite à Chelboun; l'intérieur
de ces contrées, le haut Saubat surtout, sont
d'ailleurs pour la plupart inconnus et peuvent
nous donner de grandes espérances.

Ayant démontré la façon d'aborder la conquête
et la civilisation des tribus Dinka et Schellouk
qui, pour le moment, seules peuvent être con-
quises d'une manière définitive, j'en viens aux
conquêtes provisoires qui peuvent s'effectuer en
même temps, et dont le but, tout aussi noble,
sera de propager moitié directement, moitié
indirectement, ces bienfaisantes dominations
par des explorations commerciales. Pour ne pas
avancer trop à l'aventure sur un horizon sans
bornes et pouvoir enfin s'arrêter un jour si l'on
est fatigué, nous poserons les limites de ces dernières conquêtes provisoires destinées, avec le
temps, à devenir irrévocables : à l'ouest, sur le
Victor Baboura; au sud, au lac Équatorial; et à

l'est sur le Bahar-el-Djouba, ou mieux encore sur les bornes des Galla.

Les contrées Hofrat-Tuahaz et toutes celles nord du Bahar-el-Gazal, étant inaccessibles par voie d'eau et étant trop hostiles pour en avoir raison à peu de frais, elles pourront, jusqu'à nouvel ordre, être laissées de côté.

Les rives du Bahar-el-Zaraf, du Bahar-el-Gazal et du Bahar-el-Abiad, ne pouvant donner immédiatement des compensations suffisantes, et étant malsaines à cause de leur nature aux trois quarts marécageuse, c'est spécialement sur les points les plus productifs et propices de l'intérieur que l'on disséminerait, comme je vais m'empresser de l'indiquer, les comptoirs commerciaux-conquérants tels qu'ils sont marqués aussi dans la carte ci-jointe :

Un	1er chef-comptoir	chez les Nouer-Biord	150	hommes.
—	2e —	à Djanghue......	200	—
—	3e —	à Mousiouh......	150	—
—	4e —	à Ougorabo......	250	—
—	5e —	sur la rive du Soué.	400	—
—	6e —	sur le Victor Baboura........	600	—
—	7e —	à Kiffa.........	250	—
—	8e —	à Banda........	150	—
—	9e —	à Fariak........	300	—
		A reporter.......	2,450	hommes.

	Report.	2,450	hommes.
Un 10° chef-comptoir	à Moudouh	300	—
— 11° —	à Gomba	150	—
— 12° —	à Djerouil.	100	—
— 13° —	au Niambara du sud (mandah)	300	—
— 14° —	à Bédéri.	150	—
— 15° —	chez les Goths du centre	400	—
— 16° —	à Fatil (Rol).	100	—
— 17° —	à Mukkaraka	400	—
— 18° —	à Kiteh	150	—
— 19° —	chez les Nouers-El-liab	250	—
— 20° —	chez les Nouers-Atot.	300	—
— 21° —	— Gaouer.	200	—
— 22° —	à Madar.	300	—
— 23° —	à Thuidj.	200	—
— 24° —	à Djabel-radjial. . . .	300	—
— 25° —	à Bhor.	600	—
— 26° —	à Chir	200	—
— 27° —	à Barry.	200	—
— 28° —	à l'embouchure de l'Atsoua (Lognia).	400	—
— 29° —	à l'extrémité nord du lac Albert.	1,250	—
— 30° —	à Lango	200	—
— 31° —	à l'extrémité sud du Kidi.	200	—
— 32° —	sur le lac Nianza à Kira.	1,250	—

10,350 hommes.

Les chefs-comptoirs des n°ˢ 29 et 32, c'est-à-dire ceux des lacs Luta-Zigue. Albert et Nianza-Victoria, soit parce qu'ils sont appelés à être définitivement un jour les limites sud de l'Égypte, soit à cause de leur mission d'une importance sans bornes, devraient avoir en plus que les autres, trois ou quatre Européens minéralogistes et naturalistes et devraient avoir eu la précaution d'apporter avec eux matériaux et personnel pour construire sur chaque lac au moins une douzaine de barques avec lesquelles ils pourront, par les échanges et les explorations, s'emparer peu à peu de la circonférence des deux lacs; ils peuvent même, si le fleuve Ogovaï, débouchant au Gabon, prend sa source au sud du lac Lutne-Zigue [1], et le Victor-Baboura au nord, comme on le suppose, porter leurs investigations commerciales très loin vers le nord-ouest et vers l'ouest. Le fleuve Blanc, à son sortir de ce même lac Lutne-Zigue vers le nord-est, coulant toujours paisiblement au milieu des marécages jusqu'à sa jonction avec la rivière Uniamé; ils pourront aussi par voie d'eau, porter de ces côtés leurs échanges et leur influence jusque sur le haut de cette rivière

1. Le lecteur aura déjà remarqué certaines différences dans l'orthographe des noms de lieux ou de peuples. Nous laissons ces noms écrits tels qu'ils le furent par Poncet. La prononciation, d'ailleurs, est toujours la même.

et peut-être même jusqu'au lac Baringo, pro-
longation du Nianza-Victoria. Tout en portant
par leurs échanges et leurs explorations commerciales leurs conquêtes sur toutes les parties
des lacs, ces deux comptoirs auront, à part une
impérieuse mission à remplir : celui du Nianza-
Victoria aura à faire de minutieuses recherches
dans les montagnes de l'est et nord-est soupçon-
nées minérales, et devra s'assurer d'une façon
certaine, si, de l'extrémité nord-est du Baringo
ne naît point la rivière des Djoubas, point important, qui, en venant se réaliser sans encom-
bres, permettrait de pouvoir arriver en barques
de Khartoum à ce lac.

Celui du lac Lutne-Zigue-Albert, basé non
plus sur de simples soupçons, aura plus rigou-
reusement encore à explorer et exploiter profondément, avec constance et intelligence, les
montagnes et les plateaux qui sont au sud et
spécialement à l'ouest de ce dernier lac Lutne-
Zigue, contrées qui, selon les Portugais, selon ce
que nous avons ouï dire des Niam-Niam du sud,
et selon deux témoins plus sérieux et plus dignes
de confiance, les capitaines Speke et Grant, sont
d'une richesse aurifère immensément grande.

Fait d'une importance illimitée, incontestée que la remarque du grand explorateur de l'Ouest, le docteur Barth vient appuyer en disant que le Benoué charrie de l'or; fleuve qui, s'il n'est pas le Victor-Baboura ou formé en partie par le Victor-Baboura, vient positivement prendre sa source aux montagnes ouest du lac Lutne-Zigue, contrée dont il est question; cette solution toute palpitante d'intérêt mérite la plus grande considération et devrait se résoudre avec une énergie tout européenne.

Le comptoir établi sur le Victor-Baboura, étant destiné à rendre de forts produits et de grands services à cause de sa position conséquente, devrait aussi avoir des barques pour porter au nord-ouest ses explorations commerciales jusqu'au lac Tchad et peut-être jusque sur le Niger, et au sud, jusqu'au lac Lutne-Zigue.

Tous les autres chefs-comptoirs étant disséminés comme nous l'avons marqué plus haut et en ayant créé çà et là d'autres plus petits, se rendront possesseurs, par la force morale plus que par la force physique, par le commerce et les explorations, d'abord des contrées où ils se seront établis: et plus tard. une fois maîtres

à peu près de celles-ci, ils commenceront aussitôt à préparer les indigènes à leur vie future en
leur mettant de petits impôts en produits actuels ;
en les initiant au commerce et particulièrement
à la valeur des produits qui chez eux sont perdus : produits que nécessairement on leur achè-
tera puisqu'ils n'auront guère d'autres débouchés et que c'est là une des clefs principales de
la réussite de nos projets. Parlant toujours par
expérience, chacun de ces chefs-comptoirs munis indépendamment des armes de chasse à
l'éléphant (car ils devront tous sérieusement
s'occuper de chasse), d'une quantité proportion-
nelle à son importance de fusils de munitions de
réserve, ils pourront, sans s'arrêter à l'influence
moitié déjà conquérante qu'ils ne manqueront
pas d'exercer dans les tribus voisines, sans hésitation aucune, recruter parmi les indigènes autant de soldats volontaires qu'ils croiront utile ;
soldats qui ne coûteront que l'entretien et avec
lesquels on soumettra les tribus voisines. Chacune de celles-ci étant ennemies l'une de l'autre,
tous les pays pourront être généralement conquis par eux-mêmes : ces recrutements étant
volontaires et ne dépassant jamais, d'une seule

fois, les deux tiers du personnel égyptien, peuvent s'effectuer, s'ils sont bien compris et bien exercés, sans aucun inconvénient. Néanmoins par prudence, afin de pouvoir les faire plus forts et plus souvent, il sera bon de porter ces recrutements mutuellement d'un lieu à l'autre, sur des points toujours éloignés et dans des contrées d'une famille tout à fait différente. De cette façon, avec des armes et des munitions seulement on pourra s'emparer de toute l'étendue de terrain auquel nous visons, et plus tard même s'étendre plus loin si l'on veut.

La révolte tout exceptionnelle de Taka, dont le moudir semble seul être la cause, ne doit pas servir d'exemple et être un motif de crainte et d'arrêt; pendant que les nègres ne seront que des enfants qu'avec un jouet on amuse, qu'ils ne commenceront qu'à être ébauchés, ces recrutements, je le répète, d'ailleurs toujours volontaires, peuvent être faits sans aucune crainte; ce ne sera que lorsque les pays seront à peu près totalement conquis, que, par le commerce et la fréquentation des hommes civilisés, ces enfants seront devenus hommes, que les précautions usuelles en pareil cas pourront être prises.

La chasse à l'éléphant, comme le commerce, étant fortement productive, étant un agréable antidote pour relever l'apathique paresse des indigènes, et étant aussi un fort talisman pour s'attirer sincèrement leur amitié et leur bienveillance, à cause des dangers, des fatigues et des produits de la chair qu'ils divisent avec plaisir avec les chasseurs, elle devrait s'effectuer sur tous les points et sur une grande échelle. Rien de tels que ces Nemrods pour exercer sur les indigènes une douce influence et explorer à fond les pays. Pendant que ceux-ci d'un côté, lancés sur tous les points, iront demander aux forêts les plus obscures leurs secrets et que, d'un autre côté, d'autres petites compagnies organisées par chaque comptoir-chef et dépendant, pour les échanges, se dirigeront dans toutes les directions habitées, afin de pouvoir rapprocher au fur et à mesure leurs dominations et remplir le vide qui les sépare, on laissera aux négociants de Khartoum qui font ce commerce, pleine liberté d'ouvrir de nouveaux horizons.

Ces intrépides aventuriers ayant été, comme partout ailleurs, les premiers pionniers éclai-

reurs de ce nouveau monde resté tel aujour-
d'hui que l'ont laissé les enfants de Noé, on les
laissera non seulement circuler à leur aise et les
aidera en tout et pour tout, mais encore, pour la
prospérité du pays et pour aider fortement aux
conquêtes qui sont notre but, le gouvernement
de Khartoum devrait faire publier un avis que :
« voulant l'extension du commerce du fleuve
Blanc, il est prêt à donner, à titre de loyer, pendant un laps de temps déterminé, à tous les
négociants qui voudront faire ce commerce,
autant de soldats qu'il leur sera nécessaire, au
même gage mensuel qu'ils sont payés par le
gouvernement, sans aucune augmentation ». La
prohibition sévère de l'entrée des armes et des
munitions à Alexandrie, étant un motif de dé-
goût, étouffant par cela toutes sortes de progrès
et étant une entrave insurmontable pour ces
négociants et pour tous ceux nouveaux qui vou-
draient entreprendre ce négoce, rend la mesure
en question indispensable, laquelle, d'ailleurs,
est toute à l'avantage du gouvernement.

Laissant chacun de ces comptoirs élever çà
et là des villes et villages, propager la civilisation conquérante et remplir en un mot, avec

humanité la noble mission dont ils sont chargés,
laissant enfin toutes ces contrées lancées d'un
côté par les comptoirs du gouvernement, et de
l'autre, si les mesures ci-dessus indiquées pour
la facilité des commerçants sont prises, par
une infinité de négociants, marcher à grande
vitesse sur la voie du progrès; sans m'arrêter
sur la beauté, variété, fécondité de ces contrées,
sur la quantité, genre et richesse de leurs produits, sur leurs ressources inépuisables et certaines, sur celles qu'elles nous cachent, et enfin
sur les compensations sans nombre et sans bornes qu'elles peuvent déjà dès maintenant et par
la suite donner à l'Égypte leur mère; choses
évidentes, incontestables et incontestées, je vais
m'engager dans la question des dépenses qui est
la perle de mon rapport. Mais antérieurement,
je ne dois pas oublier de dire que, tant que pour
donner un écoulement aux produits commer-
ciaux et agricoles de toutes les stations et comptoirs disséminés, tant que pour leur ravitaille-
ment annuel, il devrait y avoir nécessairement
une administration commerciale (toujours gou-
vernementale) à Khartoum et au Caire; on devrait même, pour plus de facilité, établir sur

chaque atterrissement (mochera) général des magasins ravitailleurs où déboucheraient, en premier lieu, tous les produits des comptoirs voisins.

Si je n'avais pas cru, à cause des dépenses,
que notre œuvre pouvait immédiatement être
accessible, si je n'avais point, par mon moyen
tout particulier, pu la rendre facilement abordable, et si je n'étais point enfin persuadé de sa
prompte réussite, je n'aurais jamais pris sur
moi d'accoster une aussi sérieuse question. Son
Altesse a déjà pu voir que la clef de l'accomplissement et de la réussite de cette œuvre se
trouve dans le commerce et dans la manière de
conquérir les pays par les pays mêmes et leurs
propres ressources. Le gouvernement de Khartoum, guidé par un on ne peut plus noble but,
peut à cette occasion laisser tout préjugé de
côté, sans s'occuper de l'Europe vigilante qui,
pour concourir à son œuvre civilisatrice, ne
saura que l'applaudir.

De cette manière, tous les comptoirs sans
exception, disséminés comme nous l'avons indiqué, devront et pourront largement, sans aucun
doute, suffire à leur entretien par le commerce.
les chasses qu'ils exerceront et les petits impôts

qu'ils percevront; il ne s'agirait plus alors que
des dépenses primitives qui, à cause de leur
nature facile, peuvent sans grand effort être
affrontées par le gouvernement de Khartoum.

Celui-ci, indépendamment du fort concours
que les Bagara-Selem déjà moitié soumis, avec
leur cavalerie irrégulière et belliqueuse d'un
côté, et les Cheikhs-Redjeb-Delan de Gouli et
Malek-ab-rofs de l'autre, pourront donner pour
s'emparer des Schellouk et Dinka dont ils sont
les voisins, aidé tant soit peu par la soi-disant
moudiereh actuelle de Fachoda, peut, s'il veut,
en un an de temps, mettre sous les armes, entre
troupes régulières et irrégulières formées, ces
ces premières de Soudanni-Meoualeddini et ces
secondes de Dongolaoui et Chaghi, volontaires,
les vingt mille soldats qu'il nous faut pour toutes nos conquêtes.

Les magasins de Khartoum étant tous pleins
de fusils et de munitions, il n'y aurait plus qu'à
s'occuper des détails dont avec quelques milliers
de bourses un Hokomdar expert aurait facilement raison.

La réussite de notre œuvre dépendant totalement de la personne à laquelle elle sera confiée,

celle-ci, pour mériter la confiance de Son Altesse,
et pour avoir le pouvoir à peu près illimité qui
lui est nécessaire, devra indispensablement être
une personne d'expérience, douée naturellement
du don civilisateur et de la colonisation, énergique, incorruptible, humaine; et enfin qui
voulût bien de son propre gré, se sacrifier
tout entière à la noble mission qui lui sera
confiée; cette personne, Altesse, ne l'auriez-
vous pas en notre gouverneur général, Son
Excellence Djaffer-Pacha?

La hokomdarie du Soudan, administrée avec
sagesse, peut parfaitement, si l'Égypte ne lui
demande aucun fonds, par la création de nouveaux impôts légaux oubliés, sans augmenter
davantage ceux établis, avec un peu d'économie, prendre sur elle avec ses propres ressources, non seulement de faire sortir à effet
l'œuvre méditée, mais encore prendre sur elle
de contribuer pour une grande part à l'établissement du chemin de fer qu'il nous faut indispensablement pour perfectionner notre œuvre
et lui donner la vie. Sans chemin de fer, notre
œuvre est à peu près dissoute, car à quoi bon
créer des sources inépuisables de richesses,

accumuler des montagnes d'or, si nous n'avons
pas pour elles de débouchés? Sans lui, cette
immensité de terrain ceinturé de déserts comme
il est, malgré ses innombrables ressources, res-
tera éternellement oublié et infructueux, ou à
peu près, et l'infinité de milliers d'habitants
qui le peuplent resteront à jamais à l'état de
brute et d'ignorance où ils sont plongés depuis
un temps immémorial.

Cette voie ferrée que l'on pourrait faire de
Saouakin à Khartoum, car c'est là la route la
plus courte, offrant le moins d'inconvénients,
et qui, une fois faite, à cause de son voisinage
de l'Abyssinie, sera la plus productive, étant
appelée à amener tous les produits du centre
de l'Afrique au port égyptien et par cela à avoir
une valeur sans égale, ne devrait plus tarder de
s'effectuer; son importance illimitée devrait
faire totalement oublier les petits sacrifices et
aplanir tout obstacle, idéal ou réel, que son travail pourrait occasionner. Si nous prenions
pour base la voie ferrée de Rhamlé, ces dépenses ne monteraient pas au delà de cinquante
millions de francs.

Si la construction de cette dernière voie fer-

rée dont je me sers de guide, à cause de sa
petite distance et du voisinage de la ville où elle
a été faite, n'a pas donné lieu aux inconvénients
qui nous attendent pour la construction du chemin de fer dont il est question; si, pour l'effec-
tuation de celui-ci les frais de transports des
matériaux seront plus forts, si l'on devra creuser quelques puits, effleurer peut-être quelques
petites montagnettes que l'on ne voudra pas se
donner la peine d'éviter, être obligé de faire un
petit pont sur l'Atbara qui, provisoirement,
pourrait être construit à l'américaine, seuls inconvénients dont n'a pas eu à s'occuper la voie
ferrée de Rhamlé, et qui seuls peuvent les faire
différer l'une de l'autre, n'avons-nous pas de
notre côté les travailleurs et le terrain qui, proportionnellement, ne coûteraient presque rien et
dont les frais sont plus que suffisants, il me
semble, pour rétablir l'équilibre qui doit rendre
notre comparaison à peu près exacte? Néanmoins, comme les wagons et les locomotives ne
sont point compris dans ce compte et qu'il pourrait survenir des frais imprévus, nous pourrions
admettre que cette voie ferrée vînt à coûter la
moitié plus que celle de Rhamlé, c'est-à-dire

cent millions de francs au lieu de cinquante;
est-ce là une somme inabordable pour l'Égypte
et le Soudan? L'Égypte ne pourrait-elle pas se
charger des matériaux et des frais d'administration, comme le Soudan pourrait facilement
pourvoir aux travailleurs? C'est là une question
dont la compétence appartient seule à Son
Altesse.

Afin de voir marcher cette voie ferrée un moment plus tôt et surtout pour la voir s'effectuer
avec plus d'économie, on pourrait faire remonter par le fleuve, lors de son plein, sur des barques une partie de rails, six vieilles locomotives
et quelques wagons pour le travail que l'on divi-
serait, une fois arrivé à Berber, en trois parts :
l'une, arriver à Khartoum pour commencer la
voie en question de cette dernière ville à l'Atbara;
et les deux autres étant jointes à la remorque
des bateaux à vapeur sur le haut de l'Atbara;
point où des deux côtés viendra passer la voie
ferrée pour commencer les travaux, l'une vers
le sud à la rencontre de la voie de Khartoum,
et l'autre vers le nord-est, à la rencontre de
celle de Souakim qu'on aurait commencée à la
même époque. De cette manière, on accélérerait

d'abord la chose, puis on réduirait de beaucoup
les obstacles et les dépenses que le manque
d'eau doit évidemment occasionner.

D'un autre côté, le gouvernement de Khartoum pourrait aussi placer deux scieries circu-
laires à vapeur de la force de seize à vingt chevaux, une dans les South, sur le bas du fleuve
Blanc, à trois ou quatre jours de Khartoum, et
l'autre sur l'Atbara, près du point où l'on aurait,
des deux côtés, comme nous l'avons dit, commencé les travaux, pour couper des bois qui
serviraient à faire la voie de cette dernière
rivière à Khartoum, et une partie de celle opposée de Souakim ; de cette façon, on aurait
besoin des cloches que pour le côté de Saouakim, ce qui serait, il me semble aussi un grand
avantage.

Ce chemin de fer se faisant d'un côté et les
contrées du fleuve Blanc se préparant à recevoir les progrès de la civilisation que, comme
par enchantement, il ne manquera pas de leur
amener, au bout de quelques années, quelles
compensations ne serait-on pas en droit d'attendre de ces contrées grandioses qui, indépendamment des richesses positives que nous leur

connaissons, peuvent, puisque la plupart nous
sont encore inconnues, renfermer une infinité
de ressources, nous cacher de profonds mystères
dont nous ne nous doutons même pas! surtout
quand ces contrées auront, épars çà et là,
sur toute leur étendue des villes, villages, établissements à vapeur, maisons de plaisance, que
ces fleuves et rivières seront en tous sens jusque près de l'Équateur, animés par des flottilles
fumantes et ailées envoyées par la station du
chemin de fer de Khartoum pour lui apporter
l'immense et variée production de tout le centre
africain; que le fil électrique sera là pour que le
noir et le colon puissent annoncer leur envoi aux
marchands de Nantes, Londres, Liverpool et Marseille, et enfin que Khartoum, à cause de sa position merveilleusement belle qui la place sur le
confluent des deux plus beaux fleuves du continent, sera devenu le dépôt d'exportations et d'im-
portations de la moitié de l'Afrique, et par cela
le Londres du Soudan?... Que Son Altesse juge!

Mon intention n'étant pas de faire un rapport
sur les produits actuels du Soudan, dont les
3/4, à cause du manque expéditif de moyens de
transport, sont perdus, ni sur ceux à venir qui

auront l'importance qu'on voudra leur donner,
mais bien de démontrer la possibilité de pouvoir
avec peu de frais, un moment plus tôt, s'emparer et civiliser les pays dont il est question, sans
m'étendre davantage sur la réussite et l'importance évidente des deux œuvres principales
résumées ici, destinées à être créées ensemble
et vivre d'une vie de plus en plus florissante
l'une par l'autre, je terminerai cet écrit en disant
que notre projet, une fois près d'être accompli,
que le bout du filon d'or sera totalement confondu
avec sa source, l'Égypte, pour sa récompense,
aura la douce et solennelle satisfaction d'avoir
marqué une des plus belles pages de l'histoire
et de se voir au rang des premières puissances
du monde, car alors elle aura pour faire respecter ses droits et veiller sur ses sources intaris-
sables de richesses autant de soldats qu'elle
pourra se procurer de baïonnettes !

Je suis tellement persuadé de la réussite et
de la possibilité de l'exécution du projet que je
propose (qui, je l'espère, aura bientôt son effec-
tuation) que, si ce n'était mon état critique, je
dirais : « Altesse, comme Français ayez confiance en moi, et en ma qualité de moitié Égyp-

tien, confiez-moi, en partie, la chose. » Et sous peu, si nous ne serions pas arrivés entièrement au sublime but auquel nous visons, nous serions placés solidement sur la voie pour l'atteindre !

Si, à cause de la nature toute particulière du sujet, ou soit à cause de la conviction que je ressens pour tout ce que j'ai avancé ou soit enfin à cause de la pauvreté déplorable de mon style [1], j'ai pu involontairement, franchir les limites du respect dû à Son Altesse, je la prie de vouloir bien se rappeler que je suis un enfant élevé au Soudan, et à cause de cela et du noble but qui me guide, vouloir bien absoudre celui qui a l'honneur de se dire

De Son Altesse, le

Très humble et soumis serviteur,

Signé : JULES PONCET.

---

1. Il nous aurait été facile, en effet, de traduire en un français très clair et très net, le langage d'un homme accoutumé à parler sept ou huit langues différentes, devenu Arabe par ses habitudes, Italien par ses alliances de famille, et qui vivait depuis vingt ans loin de toute civilisation dans la solitude la plus complète. Nous ne l'avons pas voulu. Ce curieux rapport, avec son style abrupt, rocailleux, ses barbarismes et ses solécismes, reste l'instrument sincère de Jules Poncet.

Alexandrie, 30 novembre 1869.

A SON ALTESSE ISMAÏL-PACHA, LE KHEDDEOUI
D'ÉGYPTE.

Altesse,

En avril dernier, quand j'ai eu l'honneur de
soumettre à Son Altesse, par l'intermédiaire de
M. de Lesseps, un rapport traitant d'un projet
ayant pour but de démontrer la façon la plus
accessible de civiliser et soumettre, un moment
plus tôt, à l'autorité égyptienne les vastes contrées nord-est de l'Afrique centrale, je m'attendais, attendu que par des circonstances toutes
particulières, j'étais le seul capable de fournir
de pareils renseignements, d'un moment à l'autre à être appelé par Son Altesse pour donner
là-dessus de plus amples détails et recevoir enfin
quelques mots de félicitation que je croyais
avoir mérités. Son Altesse m'a privé jusqu'ici
de cet honneur, sans doute parce qu'elle a jugé
à propos d'en agir ainsi, aussi saurai-je respecter cette décision sans me plaindre; mais ce à
quoi je ne puis rester indifférent et qui réelle-

ment me désole, c'est de voir tomber dans l'oubli et l'abandon la plus grande partie de ce projet pour n'en voir effectuer par l'expédition de M. Baker qu'une petite ramification, et cela d'une façon tellement dispendieuse et mal comprise, qu'on s'expose, si l'on n'y remédie pas, à voir tous les bons résultats qu'on en attend, effacés par les mauvais dont les moindres auront pour conséquence de venir compliquer les choses lors d'un début meilleur et de rejeter dans l'oubli et le néant où elles sont restées jusqu'en 1840, les contrées dont il est question.

L'expédition mentionnée n'étant pas faite seulement pour obtenir des résultats scientifiques et pour prouver à l'Europe combien il est difficile même pour un vice-roi tout plein de bonne volonté, de vouloir démolir soudainement un dôme soutenu par bientôt treize siècles, il n'y a pas de doute que je m'en fusse tenu à l'accomplissement d'un premier devoir si l'avenir des peuples qui nous occupent et l'intérêt de l'Égypte risquant d'être gravement compromis, ne fussent venus me contraindre à venir en remplir un second.

Le gouvernement égyptien ayant trouvé en

M. Baker l'homme le plus énergique et le plus
digne de confiance, et étant lancé déjà par son
expédition sur la bonne voie, est doublement
intéressé à modifier et à réduire les projets
qu'il a conçus pour le sud, vers le lac Équatorial, afin de pouvoir s'occuper plus particulièrement des tribus plus au nord, c'est-à-dire de
mon projet tout entier, tel que j'ai eu l'honneur
de le soumettre à Son Altesse dans mon premier
rapport; parce qu'il n'est pas du tout rationnel
et bien moins encore dans l'intérêt du gouvernement de Son Altesse de vouloir se rendre
possesseur d'une manière définitive, des tribus
qui se trouvent de Gondokoro au lac mentionné,
pour laisser dans le vide et l'abandon le plus
absolus tous les pays qui se trouvent au-dessous
de Gondokoro à Khartoum. N'est-il pas plus
sage, attendu que les dépenses sembleraient
non seulement n'être plus considérables mais
encore destinées à porter des compensations
immédiates, de s'emparer, comme je l'ai dit,
d'abord, des tribus qui touchent celles déjà
soumises de Khartoum : des Dinka et Schellouks, seules tribus dont il convient de prendre
possession, et qui, par conséquent, peuvent ir-

révocablement être soumises, que de porter tout
d'abord d'une manière si sérieuse, ses vues si
loin? et en même temps si peu sérieuse car,
s'il venait à arriver à M. Baker un malheur,
chose, hélas! trop possible dans ces contrées
où tout est danger, seul comme il est, qu'ad-
viendrait-il de son expédition?

L'extension de ces contrées et leur état primi-
tif ne permettant pas de faire lucrativement une
conquête directe, ce n'est que par le commerce,
en échelonnant sur tous les points des stations
pour l'exercer, et en appuyant et aidant fortement les négociants qui battent ces parages et
enfin par une voie ferrée de Saouakim à Khartoum, que l'on parviendra à se rendre maître
de ces pays; voie ferrée tellement utile qu'à la
rigueur nous pourrions par elle seule arriver à
propager la civilisation à laquelle nous visons.

En indiquant la conquête immédiate et irrévocable des Dinka inférieurs et Schellouks, conquête qui nous amènera aux autres, j'ai à part
les motifs on ne peut plus plausibles que j'ai
déjà donnés, d'autres raisons qui, si pour le
moment ne paraissent pas si bonnes, pourraient
bien le devenir par la suite: le gouvernement

égyptien, en se rendant possesseur de la rivière
du Saubat, des branches qui la forment et des
tribus Galla de Fadassi, aurait pu, en se choi-
sissant un port du côté de Zaïla sur la mer
Rouge, avancer au fur et à mesure sans que
l'on s'en aperçoive, ses dominations ou tout au
moins son influence de ces côtés, jusque sur
cette dernière mer, dans le royaume de Harar,
au sud de celui de Adel, et s'assurer de cette
manière, en l'encadrant complètement au milieu de ses possessions, la conquête générale de
l'Abyssinie ; provinces qui, quoi qu'on en dise et
qu'on en pense, sont destinées, à cause de leur
position, à faire partie du Soudan.

L'ouverture du canal de Suez qui vient de
s'opérer, venant d'un côté donner à mon projet
une double valeur, et d'un autre côté, l'œuvre
à laquelle nous visons étant commencée par
l'expédition de M. Baker, le gouvernement de
Son Altesse est plus que jamais intéressé, je le
répéterai encore, à poursuivre entièrement avec
l'énergie et la constance que nécessitent les
grandes entreprises, la noble mission qui doit,
je le redirai aussi, le mener à l'apogée de la
puissance et de la gloire, en portant tout d'abord

ses vues sur les points que je viens d'indiquer,
sans oublier les tribus neutres qui sont au nord
de l'Abyssinie jusqu'à Souakim. D'ailleurs,
qu'on ne se le dissimule pas : l'ouverture du
canal mentionné va aider fortement à transformer le centre et l'est de l'Afrique (qui ne peuvent plus rester dans cet état) en un clin d'œil.
Ce qu'il ne fera pas, d'autres, sans doute, le
feront [1].

Le projet de M. Baker doit être réduit et mo-
difié non seulement à cause des motifs exposés,
et à cause de ses grandes dépenses que je vou-
drais voir portées ailleurs, mais encore pour
d'autres motifs tout aussi bons.

Il faut considérer que s'il est vrai que la plus
grande partie des négociants aventuriers qui
font le commerce sur le fleuve Blanc, ont porté,
en dépit des mesures énergiques prises par le
gouvernement local, les brigandages dans les
contrées dont il est question à un degré insup
portable, il n'en est pas moins vrai aussi que
c'est à eux qu'il est dû de connaître toute cette

1. Ces prévisions sont à rapprocher de la politique suivie
en Égypte depuis 1882, et de l'intervention anglaise, et des
récents débats relatifs au canal de Suez.

partie de l'Afrique comme nous la connaissons ;
à eux qu'est due l'extension de plus en plus
grande d'un commerce si riche : l'ivoire, et enfin
à eux qu'est due la vie entière du commerce du
Soudan, concentré à Khartoum. En mettant donc
ces aventuriers dans le cas évident d'abandonner
des explorations civilisatrices et un commerce
riche qui pourraient être rendus totalement
légitimes, c'est vouloir ruiner non seulement
le commerce licite du Soudan tout entier, mais
encore vouloir faire empirer les horreurs de la
traite et rejeter dans l'oubli une infinité de populations qui, ne serait-ce qu'à cause de cette
grave fatalité qui les opprime et les déprave,
ont si besoin de nous ; et c'est ce qui arrivera si
l'on n'y prend pas garde, car en enlevant à ces
gens les bénéfices qu'ils réalisent de leurs vols
de chair humaine qui servent, sinon à autre
chose, à payer les escortes qu'ils emploient dans
leurs expéditions, il est évident que si on n'a
pas la bonne précaution de suppléer à leur ancien et ignoble bénéfice des moyens honnêtes,
pour eux tout aussi engageants et lucratifs,
qu'ils abandonneront à la fois le commerce légitime avec l'illégitime.

Nos sentiments, l'humanité, le siècle nous
faisant un impérieux devoir de faire tout ce qui
dépend de nous pour faire cesser la traite et les
brigandages qu'elle occasionne, c'est bien ! fai-
sons-le, employons-y tout notre savoir et notre
énergie, et laissons à cet égard agir M. Baker
comme il l'entendra, mais sachons aussi, puisque nous en avons le moyen, le faire d'une
manière qui n'amène sous tous les rapports que
des résultats satisfaisants, d'autant plus que les
moyens de précautions à prendre sont la seule
et vraie pierre de touche par excellence, qui
doit nous faire atteindre et ce but et les autres.

Ces moyens, cette pierre de touche déjà indi-
qués dans mon premier rapport, consistent en
ce que le gouvernement de Khartoum fasse publier un avis que : voulant l'extension du commerce du fleuve Blanc, et faire cesser une fois
pour toutes les brigandages qui désolent ces
contrées, il est prêt à donner, au même prix
mensuel qu'il les paye lui-même, à tous les négociants qui se livrent et se livreront au commerce de ces pays primitifs, autant de soldats
armés qu'il leur sera nécessaire. Ces négociants
alors, n'ayant plus à payer trois fois plus cher le

personnel qu'ils emploient et trouvant en cette
mesure la compensation cherchée qui leur est
indispensable pour pouvoir, sur une petite
échelle, continuer ou entreprendre ce genre
d'opérations avec lucre, se rendant d'ailleurs
à la nécessité, abandonneront leurs brigandages, qui n'est du reste pas tout bénéfice, pour
exercer le commerce licite que nous attendons,
et le gouvernement de son côté aura joint tous
les buts qu'il est possible d'atteindre en un
pareil début.

M. Baker, préparé qu'il est à lutter contre
toutes sortes d'obstacles et à sacrifier même sa
personne, sa noble compagne et son neveu,
pourra parfaitement arriver à faire cesser les
brigandages exercés sur le fleuve Blanc par une
trentaine d'individus seulement qui siègent à
Khartoum, mais, hélas! on ne peut rien lui
demander de plus ¹ ! ! !

Le gouvernement de Khartoum peut parfaitement, tout en faisant respecter au point possible et respectant lui-même les droits de l'humanité, mettre sous les armes, indépendamment

---

1. On sait assez quel résultat ont amené les expéditions
de Baker-Pacha et de Gordon-Pacha. Jules Poncet voyait juste.

des vingt mille soldats qu'il faut pour l'exécution de l'œuvre que je conçois, le nombre
d'hommes nécessaires aux négociants qu'il est
urgent d'aider ; il ne faudrait pour cela qu'un
gouverneur général expert, loyal et énergique,
tel que celui actuel, qui n'eût à envoyer aucun
fonds en Égypte, et qui voulût bien, si jamais
la chose lui paraissait douteuse, me consulter,
puisque j'aurai l'honneur de le voir bientôt. Je
tâcherai de lui prouver que si c'est là le motif
qui a fait que mon projet est tombé dans l'oubli
et l'abandon, on a eu tort : le Soudan pourrait
réaliser toute une armée.

Le Soudan est un vrai bijou que l'Égypte doit
faire resplendir ! Son Altesse, par lui et la côte
de la mer Rouge qui en fait partie, possède la
clef du tiers du continent africain.

Mû par cette conviction, et ce dernier devoir
accompli, il ne me reste plus qu'à prier Son
Altesse de vouloir bien excuser la hardiesse de
celui qui a l'honneur de se dire

Son obéissant serviteur,

Signé : JULES PONCET.

APPENDICE

Notre étude sur les frères Poncet demeurerait incomplète si nous ne reproduisions ici une conférence des plus intéressantes sur Jules Poncet et les explorations françaises dans les régions du haut Nil, faite par M. Denys de Rivoire dans une des séances de la Société de Géographie de Paris, en 1873.

Voici le texte de ce beau travail, auquel nous ne voulons rien changer [1] :

Il est des gloires modestes qui, pour n'avoir pas encore retenti avec le fracas des éclatantes renommées, n'en reposent pas moins sur des

---

1. Nous l'empruntons à la *Revue scientifique de la France et de l'étranger*, 2ᵉ série, 3ᵉ année. Numéro du 3 janvier 1874.

bases solides, et imposent aux hommes dont
l'esprit les a suivies de loin le devoir de s'en
faire un jour l'interprète et l'écho. Tel est l'honneur auquel m'appelle aujourd'hui la Société de
Géographie, en me confiant le soin de vous re-
dire ce que furent les travaux, ce que fut l'existence du vaillant collègue qui devait payer de
sa vie le redoutable privilège d'avoir, par seize
années de fatigues sans pareilles, de périls sans
relâche, frayé des voies fécondes au travers de
l'Afrique inconnue, et porté avec le pavillon de
la France le respect de son nom, par delà des
immensités où jusqu'à lui s'égarait la pensée.
Ce sont là des mérites que trop facilement, en
France, et trop souvent, les anxiétés publiques,
sollicitées par des soucis plus immédiats, relè-
guent dans l'indifférence ou dans l'oubli, mais
dont il nous appartient, à nous, de relever le
prestige, en nous bornant à en raconter l'histoire.

Les destinées, parfois, se dessinent de bonne
heure. Dès l'âge de douze ans, en 1851, Jules
Poncet quittait la France avec son oncle,
M. Vaudey, et son frère Ambroise, pour se rendre à Khartoum, capitale du Soudan, d'où par-

taient toutes les expéditions dont le commerce ou la science était l'objet, et qui, en remontant le cours du Nil, tendaient à se rapprocher de ses sources. Du nombre des audacieux que stimulait ce dernier motif était M. Vaudey, homme de foi ardente et de valeur, qu'un séjour de dix années dans ces contrées avait dès longtemps familiarisé avec les perspectives de cette idée. C'était, il faut le dire, l'ambition généreuse de presque tous ceux que le hasard ou d'autres causes amenaient au fleuve Blanc, depuis que la main d'un autre de nos compatriotes avait, en partie, écarté les voiles sous lesquels le mystère de ces sources continuait à dormir son sommeil séculaire.

Ce fait immense remontait à 1840. A cette époque, le premier, depuis l'antiquité, à la tête d'une expédition égyptienne, M. d'Arnaud quittait Khartoum pour affronter les eaux du fleuve vierge que jusqu'alors de superstitieuses terreurs avaient défendu des tentatives profanatrices. Dès les premiers pas tout devait être nouveauté, tout devait être découverte. Il rencontrait des peuples aux mœurs étranges, des terres aux horizons grandioses, d'autres rivières

aux cours ignorés, un lac, des marécages aux
rives indécises, puis, en avançant toujours, des
montagnes aux chaînes inaccessibles ; mais plus
il allait, plus le but paraissait fuir devant lui. Il
atteignit ainsi jusqu'à 4°. Là, les écueils se mul-
tipliaient ; là, les roches semblaient surgir de
l'onde pour lui en interdire l'accès ; là, les eaux
mêmes s'écartaient pour lui dérober leur sou-
tien. Après avoir touché à l'île de Janker et
s'être heurté aux cataractes des Makedo, il dut
s'arrêter et revenir. Mais il avait ouvert aux investigations de la science un champ fertile ; il
avait indiqué un chemin que d'autres poursui-
vraient, il l'avait dégagé des erreurs ou des
fables dont la légende en accroissait les obstacles ; il avait pu, enfin, inscrire un nom français aux confins du monde révélé par lui. Messieurs, ce nom-là, aussi, est celui d'un de nos
collègues assis aujourd'hui parmi nous ; plus
heureux, mais non moins modeste que l'infortuné Poncet, nous pouvons le saluer encore de
nos suffrages et de notre reconnaissance.

C'était sur ces traces qu'aspirait à marcher
M. Vaudey. Le 4 novembre 1852, il envoyait en
avant son neveu Jules, à peine âgé de quinze.

ans, qui, au bout de quarante-cinq jours de navigation, touchait à Gondokoro. Sur sa route, il avait ébauché quelques relations d'amitié avec les chefs du pays, trafiqué avec les noirs, et reconnu le Bahr-es-Zaraf; puis, après avoir échappé aux manœuvres des tribus hostiles, il rentrait à Khartoum le 1er mars 1853.

Le 15 décembre de la même année, M. Vaudey mettait à son tour à la voile, précédé de son neveu Ambroise. C'est toute une expédition militaire qu'un voyage sur le fleuve Blanc. Cinq barques accompagnaient nos navigateurs; des matelots, des soldats, des domestiques, les montaient. Des provisions de toute nature, des armes, des munitions, des objets d'échange, y étaient entassés. Au mois de février on était à Gondokoro.

Gondokoro est l'escale obligée, est le centre où stationnent tous les trafiquants ou les voyageurs qui fréquentent ces parages. Il est situé à une hauteur de 627 mètres au-dessus du niveau de la mer, par 5º de latitude nord environ et 29º de longitude, à 300 lieues à vol d'oiseau de Khartoum, et à distance à peu près égale de Zanzibar. Avant de pousser plus loin et de se

lancer définitivement dans l'inconnu, M. Vaudey devait y séjourner. Hélas! il allait y trouver
le terme fatal d'une entreprise dont tant d'espoir
avait caressé le début. Le 5 avril, la veille même
de son départ, dans une querelle entre des habitants et l'équipage d'une barque voisine, il
veut intervenir; il est massacré avec une
quinzaine des siens. Quelques années plus tard,
sur le théâtre même du meurtre, un de nos collègues encore, M. Guillaume Lejean, subissait
la visite de l'assassin, un noir colossal devenu,
grâce à cet exploit, le chef de sa tribu et qui ne
craignait pas, devant le compatriote de sa victime, d'invoquer ce souvenir comme un titre
farouche de puissance et d'orgueil.

Échappé à grand'peine, Ambroise rejoint son
frère Jules demeuré en arrière, et voilà ces deux
jeunes gens, ces deux enfants, privés tout à coup
de leur seul appui dans ces contrées barbares,
sans défense contre la cupidité des uns ou la
perfidie des autres, livrés aux seules ressources
de leur énergie et de leur courage. Mais elles
étaient chez eux à la hauteur de l'épreuve, et le
22 février 1855, c'est-à-dire moins de deux ans
après la catastrophe de Gondokoro, Jules Pon-

cet s'élançait de Khartoum à la tête d'une nouvelle expédition.

Il ne s'agissait point cette fois d'atteindre aux sources du Nil, il fallait vivre avant tout, et pour les deux frères, à l'âge où tant d'autres quittent à peine les bancs du collège, eux qui ne s'y étaient jamais assis, c'était la lutte de la vie qui commençait, lutte âpre et terrible, lutte sans trêve ni merci, au milieu des tentations, au milieu des dangers, au milieu des embûches, mais, proclamons-le bien haut, lutte respectable de leur part, lutte de devoir et de dévouement, où n'ont jamais failli ni leur honneur ni leur conscience.

Il est triste d'avoir à l'avouer, en effet. Depuis que l'exploration de d'Arnaud-Bey avait appris quelle accumulation de richesses gisaient inexploitées aux portes de l'Égypte, une foule d'aventuriers d'origines diverses, en quête d'ivoire ou des autres produits naturels du pays, s'étaient risqués à sa suite, et avaient fouillé derrière lui les contrées ouvertes à leur avidité. Mais, avec eux, s'étaient introduites toutes les brutalités et toutes les convoitises de la civilisation corrompue dont ils formaient l'avant-garde. Pourvoyeurs des harems du Caire, affranchis par l'éloignement du contrôle gênant des autorités consulaires, trop souvent ces spéculateurs sans scrupules, Européens ou autres, masquaient sous les apparences d'un trafic licite des opérations honteuses, auxquelles ils demandaient une fortune plus rapide. Les territoires des tribus riveraines n'étaient bientôt devenus pour eux que le parc immense où ils allaient s'approvisionner de leur bétail humain et d'où, grâce à la supériorité de leurs armes, grâce aux épouvantes qu'enfantaient des massacres dont nous n'avons pas d'idée, ils ramenaient dans les entre-ponts de leurs barques, ostensiblement chargées de quelques quintaux d'ivoire, des troupeaux de nègres à la vente desquels la complicité du gouvernement offrait, sur les marchés du Nil, un débouché facile.

Il est peu de noms, malheureusement, parmi les marchands européens établis à Khartoum, qu'on puisse citer sans avoir à les flétrir de ce stigmate infâme. Celui des frères Poncet, au contraire, est resté pur et respecté, et dans leurs mains, le drapeau français, qu'ils surent porter si loin, demeura ce qu'il s'est montré toujours : l'emblème du droit et de la justice.

Ce n'était donc pas, disons-nous, à la réalisation immédiate du projet mûri par l'esprit plus
cultivé de leur oncle que se préparaient les
frères Poncet. Ils allaient, sur les rives du Nil
Blanc, jeter les bases d'établissements commer-
ciaux d'où, à mesure qu'ils seraient entrés en
rapports plus intimes avec les naturels, ils se
proposaient de pénétrer peu à peu dans l'intérieur, et de pousser leurs opérations et leurs
reconnaissances jusque dans les solitudes inconnues du centre de l'Afrique. Pendant dix
années environ ils poursuivent résolument leur
œuvre. Ils équipent des compagnies de chasseurs, et, à leur tête, ils s'aventurent dans les
forêts inextricables, dans les marécages mou-
vants où le lion et l'éléphant, où le buffle et
l'hippopotame se ménagent leurs refuges. L'i-
voire s'accumule dans leurs magasins, leurs
relations s'étendent, et bientôt ils deviennent
les arbitres tout-puissants de ces populations
primitives, ralliées à eux par la noblesse de leur
caractère et la droiture de leur conduite.

Mais ce n'est pas sans avoir eu à traverser
de formidables épreuves qu'ils touchent à ce
résultat. Tantôt, ce sont leurs établissements

emportés et saccagés par des bandes fanati-
ques qu'ont surexcitées les entreprises odieuses
des marchands d'esclaves et qui, d'abord,
confondent nos jeunes gens avec eux. Tantôt, c'est leur vie mise en jeu par la colère
aveugle de quelque animal sauvage qui puise
dans ses blessures de nouvelles forces et une
nouvelle fureur. Un jour, Jules, contemplant
du haut de sa barque amarrée à la rive le rideau
sans limites de roseaux se déroulant devant lui,
les voit tout à coup onduler et frémir, puis une
masse noire et grouillante d'êtres humains en
surgir un à un, tandis que le fleuve se couvre
de pirogues, et que des nuées de flèches ou de
lances viennent assaillir ses gens. C'est qu'à
peu de distance des trafiquants de Khartoum
sont arrivés, et que, sans prélude, au milieu de
l'échange paisible des marchandises qu'on leur
amène, ils ont à l'improviste fait feu sur cette
foule sans méfiance, et, au mépris de toutes les
lois divines, se sont précipités sur ceux que pa-
ralysait l'épouvante, sur les femmes, sur les
enfants, pour les jeter captifs au fond de leurs
bâtiments. Deux jours, il demeure ainsi entouré,
harcelé par cette avalanche toujours grossissante

d'ennemis hurlants et acharnés, deux jours d'angoisses, de bataille, où le succès lui reste enfin. Une autre fois, il a attaqué trop à la hâte une troupe d'éléphants. Le plus gros, dans un accès de rage, fond sur les assaillants qu'il distingue à demi cachés au travers des broussailles ou des herbes. L'énorme bête frôle, sans l'apercevoir, Poncet parmi les autres, et deux pas plus loin, de sa trompe, elle va saisir un chasseur dont les lambeaux pantelants retombent dispersés, broyés sous cette étreinte... Et pendant des années, ces scènes se reproduisent tous les jours !

Mais dans les entraînements de cette vie émouvante, d'autres soucis, néanmoins, savent trouver leur place. Autour d'eux, ils observent, ils s'informent. Leur pied, la plupart du temps, foule un sol inexploré, leur regard embrasse des horizons ignorés ; sous le couvert des bois, dans le calme des déserts, coule des rivières dont nul n'a baptisé les flots... C'est ainsi qu'en naviguant sur le Bahr-es-Zaraf, ils se convainquent, les premiers, que ce cours d'eau, pris jusqu'alors pour un affluent séparé du Nil, n'est autre qu'un bras du grand fleuve qu'il quitte en face d'Ab-

Kouka et qu'il rejoint plus bas ; c'est ainsi qu'ils
remontent en partie le Saubat, dont l'embouchure avait été signalée par d'Arnaud-Bey à
deux journées au-dessous du lac Nô. Ils s'assu-
rent de la direction de ses eaux, énumèrent les
torrents qui le grossissent, et apprennent qu'il
descend des vastes et mystérieuses contrées où
errent les Gallas.

Qu'on me permette, à ce propos, un rappro-
chement qui, bien que personnel, peut n'être pas
dépourvu d'une certaine justesse.

En 1858, un missionnaire français, de l'ordre
des capucins, le père Léon des Arvanchers,
écrivait qu'il avait atteint les régions dont je
viens de parler, et il annonçait vers 2° de latitude nord et 25° de longitude est, environ, bien
au sud du royaume de Kaffa, l'existence d'un
grand lac, appelé par les indigènes *El Bôô*. De
ce lac, dans la direction ouest-nord-ouest,
s'échappait un fleuve considérable qui, suivant
eux, n'était autre que le Nil, et par le moyen
duquel les barques de chez eux avaient pu,
disaient-ils, parvenir jusqu'au pays de *Masr*. —
et le pays de Masr, vous ne l'ignorez pas, en
arabe, c'est l'Égypte. Or, ce fleuve navigable

dont les eaux peuvent porter en Égypte les aven-
tureux marins gallas, et dont le cours se prolonge vers le nord-ouest, ne serait-il pas, le
Saubat même, dont, en effet, ceux qui l'explo-
rèrent ont attesté les imposantes proportions
et, en venant du Nil, reconnu la direction sud-
est, sans avoir pu, jusqu'à présent, en préciser
les sources.

Ce problème, pour le moment, bornons-nous
à le poser sans le résoudre ; mais j'ose espérer
qu'on me pardonnera de l'avoir effleuré, en
exprimant aussi librement une opinion essen-
tiellement individuelle, parce qu'elle nous
fournit, au passage, l'occasion de rendre un
hommage mérité aux labeurs et au zèle de ces
courageux missionnaires dont nous avons
l'honneur de compter parmi nous plus d'un
représentant. Les noms des Livingstone, des
Osweld, des Kraff, vous sont familiers, et vous
les entourez, avec raison, d'un juste tribut d'estime ou même d'admiration. Mais, ce qu'on sait
peu chez nous, parce que la voix qui le répète
s'adresse d'ordinaire à des échos distraits, c'est
que les travaux des missionnaires catholiques
qui publient la parole de Dieu parmi les peupla-

des sauvages ne sont ni moins à la hauteur du
rôle que parfois la science leur demande, ni
moins dignes de vos légitimes respects. Apôtres
de la vérité, d'une main ils tiennent le crucifix,
et de l'autre ils s'efforcent de frayer une voie
aux intérêts de ce monde. C'est par leur audace
et par leur dévouement, c'est au prix de leur
sang que se sont dissipées, dans une autre partie
du monde, les ténèbres sous lesquelles se
cachaient naguère la Chine et le Thibet; c'est à
leur suite que les savanes et les forêts de l'Amé-
rique du Sud nous livrent leurs secrets; c'est à
leurs accents que tombent aujourd'hui les bar-
rières qui nous fermaient, hier encore, l'accès des
plaines du Sòmal ou des montagnes des Gallas;
c'est enfin, messieurs, on ne saurait trop le
dire, grâce à leurs enseignements et à leurs
exemples, que le voyageur français qui se ha-
sarde au sein des régions inconnues où ils l'ont
précédé, trouve le nom de la France béni et
révéré, pour saluer sa bienvenue et bercer son
oreille.

Comme ceux-là, des missionnaires autri-
chiens s'étaient établis sur les berges du haut
Nil, ou du Kir plutôt, — car c'est ainsi qu'il

s'appelle à partir du lac Nô, — et, plus d'une fois, les frères Poncet durent leur prêter le secours de leur influence et de leur appui. Du reste, dans le cours de cette longue carrière au milieu de ces solitudes, ils virent passer à leurs côtés bien des touristes, bien des voyageurs aux efforts desquels ils ne refusèrent jamais leur aide et dont trop fréquemment ils eurent à creuser la tombe. Dresser la liste de ces noms, c'est écrire en partie le martyrologe de la science ou de l'énergie française. Après Vaudey, assassiné, c'est le docteur Cuny, l'explorateur du Darfour [1], qui périt au moment de son retour; ce sont MM. de Malzac et Vayssière, qu'emportent les fièvres paludéennes; c'est le docteur Pency, empoisonné peut-être à Gondokoro; c'est Guillaume Lejean, qui s'éteint miné par les fatigues et les privations; c'est enfin le lieutenant Le Saint, qui succombe plein de jeunesse et de foi, au seuil de cet inconnu qu'il allait aborder... Combien pourrions-nous encore en citer d'autres, sans sortir de l'Afrique! Ah! on ignore trop en France ce qu'il

1. *Journal de voyage du Docteur Charles Cuny, de Sioul à El-Obeïd*, chez Arthus Bertrand.

qu'il y a de Français qui, journellement, quittent leur foyer, le cœur vaillant, la volonté forte, pour aller chercher, bien loin, l'auréole d'une gloire chèrement conquise, et qui ne rencontrent, le plus souvent, que le désespoir et la mort. Elles ne sont pas rares parmi nous, ces généreuses existences qui, dans tous les coins de la terre, se consacrent obscurément aux périlleuses découvertes, aux persévérantes études, pour augmenter, en se sacrifiant à elle, la grandeur d'une patrie que la plupart du temps n'atteint même pas leur nom. Et pourtant, quel amour on garde au fond de l'âme en lui disant adieu ! comme son souvenir vous soutient, vous console ! comme on y pense ! comme on y rêve ! Ah ! ce doux mot de France, comme on l'aime, et comme, hélas ! trop de fois on meurt en le répétant tout bas !

De toutes ces catastrophes, celle qui, depuis la mort de leur oncle, devait le plus douloureusement frapper les Poncet, fut celle du docteur Peney. Pendant les cinq premières années, chaque saison, nos deux frères, laissant une partie de leurs gens dans leurs établissements de chasse, regagnaient Khartoum, avec les

pluies, pour s'y reposer et donner un coup d'œil
indispensable à la surveillance de leurs intérêts.
En 1860, ils résolurent de doubler la campagne.
Le 4 novembre ils partaient avec le docteur
Peney qui, accompagné de sa femme, se proposait de reprendre l'œuvre inachevée de Vaudey
et d'arriver, en suivant la même route, aux
sources tant désirées. Après avoir longtemps
navigué de concert, ils atteignirent Ab-Kouka,
le plus méridional de leurs établissements, à
deux degrés environ au-dessus de Gondokoro.
Là ils se séparèrent ; leur dernier acte commun
fut de déterminer ensemble les mesures du
fleuve, qu'ils trouvèrent en cet endroit d'une
largeur de 70 mètres sur une profondeur de
7^m,20, avec une vitesse de 24 mètres à la
minute ; puis le docteur Peney, sur sa barque
désormais solitaire, remit à la voile et se perdit
dans le lointain en saluant ses amis. — Ils ne
devaient plus se revoir.

On eut cependant de ses nouvelles. De Gondokoro, le docteur avait, au préalable, fait une
excursion dans les régions, jusque-là totalement
inexplorées, qui bordent le Kir à l'ouest. Il
poussa jusqu'au district de Mourou, dans la

province de Niambara, à huit jours de marche de son point de départ. Une rivière large et profonde lui barra le passage; c'était le Jaïe, un affluent du fleuve Blanc qu'il rejoint à travers le lac Djack, deux degrés plus haut, et dont, pour la première fois, un œil européen reconnaissait le cours. Le lac Luta-N'zigé, ou, comme l'appellent les Anglais, l'Albert-Nyanza, n'avait pas encore été visité par Baker, mais les indigènes en signalent l'existence au voyageur français et le désignent comme le réservoir d'où s'échappe le cours d'eau qui coule devant lui.

De retour à Gondokoro, où il rapportait la main du premier gorille entrevu, qu'avaient tué ses hommes, le docteur Peney reprend sa tâche. En remontant le Nil, il franchit les cataractes des Makedo, touche aux pays des Madi et des Galuffi, aperçoit les monts Logouek, le pic Gniri et la chaîne du Rego; il découvre vers Djendoki-Garbô, un nouvel affluent du Kir, le Loukouedo et atteint à peu près 3°. Au delà du Rego, il entend également parler d'une vaste nappe d'eau d'où sortirait le fleuve; mais entravé par la sécheresse, il revint à Gondokoro attendre que la saison suivante en augmente le volume, et lui facilite l'accès des récifs qui en encombrent le lit.

Messieurs, tous ces noms que je viens de vous énumérer, ne les cherchez ni sur une carte anglaise, ni sur une carte allemande. Dans le domaine géographique, guère moins qu'ailleurs, les rivalités nationales ne nous épargnent, et les découvertes d'un Français sont rarement enregistrées. Explorateurs intrépides, reconnaissons-le, mais d'un absolutisme hautain, les Anglais débaptisent avec un sans-façon regrettable tout ce qui n'est pas revêtu d'une étiquette britannique, et honorent du plus suprême dédain les termes indigènes dont, pour la plupart, bien entendu, le sens est lettre close. C'est pourquoi, à mesure que s'animent pour nous les solitudes jusque-là restées muettes de l'Afrique, vous les voyez, en même temps, se hérisser d'appellations qu'on serait tenté de rechercher plutôt parmi celle des rues de Liverpool ou de Londres. Rien de surprenant à ce que, depuis 1870 surtout, des tendances analogues s'accusent chez les Allemands, de manière qu'au lieu de s'en tenir purement, comme il serait pourtant bien plus logique, aux dénominations que, dans leur histoire ou leurs rapports entre eux, les habi-

tants ont appliqué de tout temps aux points
récemment signalés, la géographie universelle
n'offrira bientôt à plus l'étude qu'un amas confus
d'hiéroglyphes méconnaissables dont, à l'envi,
chacun aura gardé la clef.

C'est surtout dans l'exploration de la région
des grands lacs de l'intérieur que se sont donné
carrière les fantaisies orgueilleuses du voyageur.
Le souvenir en est dans toutes les mémoires,
associé aux noms illustres des Livingstone, des
Burton, des Speke, des Baker, et cependant je
dis à dessein exploration et non pas découverte.
Loin de moi la pensée d'essayer, par une critique déplacée, de porter atteinte au prestige qui
les environne à si juste titre, ou de vouloir dimi-
nuer les mérites de tant de persévérance, de tant
de savoir et de tant de courage; néanmoins, il
est bon de rappeler qu'outre les traditions
anciennes la géographie moderne, bien avant
eux, éclairée par les relations du Portugal avec
ces parages, non seulement enseignait l'authen-
ticité de ces lacs, devenus en quelque sorte
aujourd'hui par leur baptême improvisé tributaires de la couronne d'Angleterre, mais encore
leur assignait à peu près la situation exacte qu'ont

relevée les explorateurs anglais, et, comme eux
aussi, leur attribuait l'origine du Nil... A la maison des pères jésuites de la rue de Sèvres se
trouve [1], en effet, une carte curieuse, dont la
légende est écrite en caractères chinois et qui
représente textuellement ce que je viens de
décrire. Elle fut dressée par un de ces savants
missionnaires français auxquels je faisais allu-
sion tout à l'heure, le père Terbiest, mort dans
les dernières années du xviie siècle, à la cour de
Pékin, où la faveur du prince avait ménagé à
ses lumières la plus haute et, ajoutons-le, la
plus légitime influence... Enfin, dans l'*Oriente
conquistado*, ouvrage publié à Lisbonne en 1701,
l'auteur, un autre jésuite, en conseillant au roi
de Portugal l'abandon des colonies précaires de
l'Inde, appelait son attention sur ces contrées
fertiles de l'Afrique où trois grands lacs, insis-
tait-il, donnent naissance au Nil.

Étrangers à ces doctes disputes, les Poncet
n'aspirent pas, non plus, à un tel retentissement.
Les pages de leur journal, simplement écrites,
sous l'impression quotidienne de l'existence

1. Ce discours était prononcé bien avant l'expulsion des
jésuites.

émouvante qu'il mènent, dépeignent les faits tels qu'ils se produisent, sans chercher à éveiller au loin de magnifiques échos. On observe, on raconte, on étudie, on s'entretient de la France, jusqu'au jour où cesse brusquement avec le docteur Peney cet échange d'idées et d'espérances... Plus de lettres, plus rien qui parle aux deux frères de l'ami qui leur a serré la main. Puis une nuit, celle du 15 juillet 1861, au milieu de ces mille bruits du silence qui, dans les solitudes africaines, se répondent sans fin d'un horizon à l'autre, un sifflement strident traverse tout à coup les espaces. On se lève en sursaut, on interroge la nuit. Là-bas, au-dessus du noir sillage dessiné par le fleuve, flotte comme une vapeur de feu dont la colonne se perd au milieu des ténèbres... Cette lueur approche, une forme gigantesque la précède ou la suit : plus de doute, c'est un bateau à vapeur qui, pour la première fois, jette aux obscurités du désert les notes frémissantes de son souffle embrasé... En effet, c'est celui d'un prince égyptien, Français par les mœurs et par l'éducation, que monte et que commande un autre Français, M. de Tanuyou. Peu de jours aupara-

vant, aux cris de stupeur des populations affolées,
il était passé pour se rendre à Gondo-koro. Il
en revient aujourd'hui, ramenant la famille de
l'infortuné Peney, et retournant porter, à Khartoum, la nouvelle d'une catastrophe de plus.

C'était là un douloureux intermède dans
l'existence monotone à laquelle la saison, pour
le moment, condamnait nos deux frères. On
était en plein kharif, époque de pluies, que,
cette fois, ils passaient loin de leur hivernage
habituel. Il est difficile chez nous de s'imaginer
ce que peut être, sous les tropiques, une saison
des pluies, au bord du fleuve Blanc : pendant
six mois, sur la tête, un ciel noir et chargé d'où
tombent sans relâche des averses diluviennes :
sous les pieds, un sol marécageux qui s'enfonce,
qui disparaît graduellement; puis le fleuve qui
déborde, charriant des cadavres; les bêtes
immondes qui pullulent; de l'eau, partout de
l'eau; et quand, sous les rayons du soleil de
décembre, elle se retire peu à peu, que le terrain
se dessèche, c'est alors, par ces milliers de crevasses s'ouvrant de tous côtés, par ces amas de
corps en putréfaction, la mort qui s'exhale avec
les miasmes qu'on respire... Quelques lignes

empruntées au langage sobre et concis des notes
de Jules Poncet en diront plus que bien des
phrases : « Vers la fin de mai, nous dûmes
abandonner notre village d'Ab-Kouka, déjà
submergé, et monter plus haut, à celui de
Sainte-Croix. Nous trouvâmes là un lieu élevé,
où nous construisîmes quelques huttes de paille
et un petit jardin. Vers la fin d'août, huttes et
jardin disparurent sous l'eau. Nous dûmes alors
nous loger Dieu sait comment. Les pluies furent
si fortes que nous passâmes trois mois sur un
terrain de 50 pas de longueur, sur 8 de largeur.
Du 20 août jusqu'au 20 septembre, nous eûmes une pluie continuelle jour et nuit [1]. »

C'était pendant ces loisirs forcés qu'au courant de la plume se consignaient des remarques,
se rédigeaient des récits où tour à tour se
heurtent les observations judicieuses et les
détails pittoresques, mais dont le cadre de cette
notice nous interdit de trop fréquentes citations.
D'Arnaud Bey avait bien énuméré et dépeint en
partie toutes ces populations originales qu'il
avait entrevues le premier, mais il n'avait pu,

1. *Le fleuve Blanc et les chasses à l'éléphant*, par Jules
Poncet.

comme les frères Poncet, vivre de leur vie,
pénétrer le secret de leurs mœurs et de leurs
usages, et ce qu'ils nous en racontent sont autant de révélations, où l'étrange par moments se
mêle à l'odieux. C'est ainsi que Jules nous
montre les tribus anthropophages des Niams-
Niams dévorant leurs ennemis dans le combat,
et les femmes mettant soigneusement à part les
pieds et les mains des victimes comme des morceaux de choix; ou bien il nous décrit avec
ingénuité la toilette de ces dames : quelques
feuilles d'arbres à la ceinture, s'agitant avec
grâce aux caresses de la brise ou au balancement de leur démarche, et un cylindre de bois
d'ébène fixé dans le cartillage du nez ou la lèvre
inférieure. Puis, ailleurs, c'est l'étude sérieuse
de ces grandes peuplades qu'on appelle les Schellouks, les Dinkas, les Nouers, les Djours, les
Chirs, etc., etc. Toutes organisées, pour ainsi
dire, en fédérations républicaines avec des rois
à leur tête, toutes belliqueuses, quelques-unes
agricoles ou pastorales, d'autres industrieuses,
travaillant le fer qu'elles ramassent chez elles
pour s'en confectionner des armes, où la civilisation pourrait, sous une autre impulsion, jeter

des racines fécondes; mais, au contraire, journellement de plus en plus hostiles à l'influence
des blancs, c'est-à-dire des Turcs, qui, à l'abri
de la fusillade, accourent dépeupler leurs villages
pour alimenter les bazars de l'Orient.

Mieux qu'à d'autres, la loyauté de leur attitude et la sécurité des relations nouées par les
indigènes avec les frères Poncet ménageaient à
ceux-ci, en leur gagnant les sympathies et la
confiance, un théâtre plus vaste pour agrandir
le champ de leurs opérations. C'est ainsi que,
s'écartant peu à peu du fleuve, ils s'avancent à
l'ouest et s'installent chez les Rols, chez les
Djours, puis atteignent le Bahr-el-Ghazal, en
allant droit devant eux. Ils en remontent et en
descendent le cours. Ils le suivent jusque chez
les Moudouhs, au sud, où il est nommé le Bibi ;
là il coule pendant un quart de degré, environ,
au milieu de rochers, puis, en prenant la direction nord-nord-ouest, on le retrouve chez les
Niams-Niams, où il s'appelle Bahr-Kakonda, et
lorsqu'il débouche chez les Djours, dont il em-
prunte également le nom jusqu'à ce qu'il devienne
définitivement enfin le Bahr-el-Ghazal, il n'est
pour ainsi dire plus qu'un colossal canal de drai-

nage entre la série de lacs ou plutôt de marécages qui constituent son lit. La marche de ses
eaux est si lente, dès lors, que c'est à peine si
l'œil peut les distinguer des ondes stagnantes
où elles s'égarent, et qu'il est difficile, à leur
jonction avec le lac Nô, de décider à quel point
celui-là commence et où le fleuve finit.

Ce Bahr-Djour ou Kakonda, ils le franchis-
sent aussi, et les voilà en pleine contrée des
Niams-Niams. Là, de nouveaux établissements
jalonnent leur route. Le succès couronne leurs
efforts. Ils continuent vers l'ouest et le sud-
ouest, et après avoir traversé, en quittant les
Niam-Niam, un pays inhabité de cinq à six jours
de marche, ils arrivent sur les bords d'une large
rivière au moins aussi puissante que le Kir. Le
territoire qu'elle arrose est celui des Monboutou
et le nom qu'on lui donne est le Baboura.

A cet endroit, les frères Poncet se trouvaient
à deux cents lieues environ du Nil Blanc, entre
4° et 5° de latitude nord et 22° et 23° de longitude
est, à trente-deux jours de marche de l'escale
d'Ab-Kouka.

C'était là une grande et magnifique découverte. Nul, avant eux, n'avait parlé de ce fleuve

nul n'en soupçonnait l'existence. Ce pouvait être toute une lumière nouvelle projetée sur les ténèbres de l'Afrique centrale. Pendant près d'une année, ils en explorent les rives, cherchant à deviner d'où il vient, où il va. A la hauteur de 5°, ils reconnaissent qu'il se bifurque en deux branches, dont l'une, sous le nom de Soué, poursuit sa course vers le nord-nord-ouest, où elle prend celui de Chary, pour se jeter ensuite dans le lac Tchad. L'autre, plus considérable, conservant son appellation primitive, incline plus à l'ouest, jusqu'à un grand lac aux trois quarts marécageux que les naturels désignent sous le nom de Birka-Metouasset. A ses deux extrémités nord et ouest, cette nappe liquide livre à ses eaux deux issues par lesquelles elles iraient créer, au nord, le Bagoun ou Babaï, affluent du Chary, et à l'ouest, le Benoué-Niger, ou tout au moins le Kebbi, qui s'y déverserait. Enfin, comme complément à cet ensemble de renseignements inespérés, Jules Poncet n'hésite pas à faire sortir le Baboura, ainsi que le Bahr-el-Ghazal, du lac Luta N'zigé, qui, à quelques degrés plus bas, gît dans la direction même d'où semblent couler leurs flots.

Tel est, à grands traits, le résumé soit des travaux directement accomplis par les Poncet eux-mêmes, soit des informations qu'ils ont pu recueillir en les soumettant au contrôle sévère d'une expérience difficile à surprendre. Mais il est bon, pourtant, d'étudier jusqu'à quel point la science peut marcher d'accord avec eux sur le terrain où ils se bornent à émettre des opinions que ne soutient plus la garantie de leur examen personnel.

C'est ainsi que la présomption d'une communication des deux fleuves Baboura et Bahr-el-Ghazal avec le Luta N'zigé peut paraître quelque peu hasardée. La rive occidentale du lac semble, jusqu'à présent, bordée d'une ceinture de montagnes au travers desquelles il serait difficile à des courants d'eau de se frayer même un tumultueux passage. Ne serait-il pas plutôt possible que ces deux rivières descendissent du versant ouest de la chaîne elle-même?

En regard de cette seconde hypothèse déjà émise, si nous ne nous trompons, dans un des remarquables rapports de notre secrétaire général [1], il en est, du reste, une troisième qui, tout

1. M. Ch. Maunoir.

en ne reposant encore que sur les données les
plus vagues, ne laisserait pas que de s'offrir aux
yeux sous un séduisant aspect. On sait, en effet,
que deux voyageurs étrangers, MM. Piaggia et
Petherick, parcourant, à plusieurs années d'intervalle l'un de l'autre, les régions voisines du
Bahr-el Ghazal, entendirent les indigènes parler
d'une mer d'eau douce, dans la direction du sud,
et qui ne serait pas le Luta N'zigé. Aucun
Européen, jamais, n'en visita les bords; mais,
d'après la même version, différentes rivières y
apporteraient ou en tireraient leurs eaux. D'un
autre côté, à son retour, M. Stanley nous apprend
que le docteur Livingstone, en découvrant à
l'ouest et au nord-ouest du Tanganyka toute une
succession de lacs, aurait en même temps suivi
le courant d'un fleuve, le Lualaba, qui les ratta-
cherait entre eux, sans pouvoir néanmoins déterminer d'une manière même approximative quelle
route il prendrait vers le nord. Cette mer inconnue ne pourrait-elle pas être, elle aussi, un de
ces récipients gigantesques, — relié peut-être lui-
même, qui sait? avec le Luta N'zigé, — dont
chaque pas, au sein de cette étrange Afrique, nous
révèle l'existence, et auquel aboutiraient, soit

pour s'y perdre, soit pour en sortir, les cours
de tous ces fleuves aux mystérieux méandres!

Autant de questions tout cela sans réponses.
Ce que j'appellerai, en le déplorant, le récent
insuccès de Baker n'a fait jaillir aucune lumière
nouvelle, et l'avenir seul se les réserve sans
doute; mais dès aujourd'hui, ne laissons pas
amoindrir, pour nos compatriotes, le mérite d'y
avoir attaché leur nom. Les tentatives ne manqueront pas pour l'effacer, et déjà en 1870,
c'est-à-dire cinq ans après eux, un Allemand, le
docteur Schweinfurth, venant du nord-ouest au
sud-est, pénétrait à son tour jusqu'à la contrée
des Niams-Niams et des Monboutou. Là, il signa-
lait entre tout un système d'irrigation étranger
au Kir, un grand fleuve qu'il appelle l'Uellé,
coulant du sud-est à l'ouest-nord-ouest, et qui
va, d'après lui, former le Chary, pour rejoindre
le lac Tchad. Cet Uellé, quel est-il, si ce n'est le
Baboura des Poncet? — Dans un pays où, en deux
ou trois journées de marche, parmi ces tribus
sans autres rapports souvent, entre elles, que le
pillage et la guerre, le moindre ruisseau change
dix fois de dénominations, suivant la bouche
qui le désigne, la différence d'un nom est peu

de chose : l'étude des lieux est tout. Or, c'est
précisément après s'être éloignés du Bahr-el
Ghazal, après avoir côtoyé ou escaladé toute
une série de contreforts montagneux consti-
tuant comme un nouveau bassin, en traversant
le territoire des Niams-Niams et des Monboutou,
de l'est au sud-ouest, que les deux frères ont
découvert leur Baboura. Si l'Uellé était une
rivière distincte, n'auraient-ils pas été, vu l'importance et la direction de son cours, arrêtés sur
ses bords, et obligés de la franchir avant d'atteindre la première?

Restituons donc à nos compatriotes une gloire
qui est leur incontestable patrimoine, et si, par
prudence, nous n'affirmons pas aveuglément avec
eux la communication du Niger et du Nil par les
lacs équatoriaux, malgré l'autorité des géographes arabes El-Idrici et Abou-el-Fedah, qu'ils
invoquent, si nous émettons quelques doutes sur
le sort plus ou moins obscur du Baboura par
delà le Birka-Metouasset, nous ne trouverons
néanmoins jamais assez d'éloges pour applaudir
à l'émulation généreuse qui, de ces deux enfants
naguère privés d'appui, dépourvus d'instruction,

lil en quelques années des hommes vaillants
et énergiques dont tout pays peut être fier.

De tels cœurs ignorent la défaillance des
jalousies mesquines, et ce qu'ils n'avaient pu
accomplir, ils voulaient que d'autres le fissent.
Lorsque le lieutenant Le Saint résolut son aventureuse entreprise, ce fut à eux qu'on l'adressa.
Leurs relations, leurs bâtiments, leurs comptoirs, tout fut mis à sa disposition, et peu de temps
avant d'être informés de sa mort, le croyant déjà
sur le Baboura, ils écrivaient : « Le pavillon
français flotte déjà sur la cime de tous nos comptoirs, des Rols, des Djours, des Niams-Niams et
des Monboutou; par le moyen de nos deux barques, il flottera bientôt sur le lac Luta N'zigé, le
lac Tchad, et peut-être sur le haut Niger d'est. »

Ah! il faut l'avoir pu contempler au milieu des
déserts ou du danger, ce pavillon, loin de tout
ce qu'on a laissé, loin de tout ce qu'on aime,
pour sentir ce que des paroles si simples peuvent
cependant éveiller dans l'âme d'ivresses poignantes et de frémissements sans nom! Perdu
là-bas, ce pavillon qui flotte c'est la patrie, c'est
la famille, c'est le souvenir, c'est l'espérance!

Eux aussi le comprenaient, ces deux chevale

resques Français; car c'est à l'étranger que l'on
apprend le mieux à aimer son pays, et ils voulaient que, dans les terres lointaines où ils portaient son nom, il fût, au-dessus des autres.
grand et respecté. Ils voulaient que cette œuvre
de civilisation chez des peuples barbares fût une
œuvre française, et tous ceux qui, de la métro-
pole, accouraient sur leurs traces tenter l'épreuve,
étaient pour eux des frères auxquels ils ouvraient
les bras en leur montrant la route. Avant
Le Saint, ç'avait été Guillaume Lejean. Après
lui, ce fut M. de Bizemont, que nos défaites
rappelèrent trop tôt sur les champs de bataille.
Ah ! c'est qu'ils savent écouter le devoir et lui
obéir sous ses formes multiples, tous ces hommes
dont le viril patriotisme s'est fixé d'avance un
but de dévouement et de lutte! La capote du
fantassin ou le bâton de l'explorateur, c'est tout
un dès qu'il s'agit de servir la France ; et Gustave
Lambert tué à l'ennemi, et Henry Duveyrier
traîné dans les prisons de l'Allemagne, et tant
d'autres, ne sont-ce pas là d'utiles et de mâles
exemples que vous m'excuserez d'évoquer parmi
nous?

Le vétéran du Nil, d'Arnaud Bey lui-même,

paya de sa personne ; mais à lui, l'émule actif des
théories de notre célèbre et clairvoyant d'An-
ville, à lui qui, nourri de ses maximes, sut le
premier dégager l'Afrique du monde de chi-
mères et de fantômes qui en obstruaient l'abord,
d'autres exigences s'imposent. C'est tout un
trésor d'érudition, de travail et de science dont
il a rapporté le bagage des régions du haut Nil ;
mais trésor ignoré, enfoui encore dans l'obscurité d'un cabinet, sans profit ni pour le savant,
ni pour l'artiste, qui néanmoins en chercheraient
vainement l'équivalent ailleurs, et dont enfin,
interprète fidèle, croyons-nous, de la pensée
commune, nous lui demanderons de ne pas nous
refuser plus longtemps le précieux héritage.

Moins heureux que lui, à qui il reste ainsi
quelque chose à donner à la France, moins heureux surtout que ceux de ses collègues morts
pour sa défense, Jules Poncet, cloué sur un lit
de douleurs à trente-trois ans à peine, assistait,
impuissant et consterné, au spectacle navrant
de ses revers. Déjà, en 1868, son frère Ambroise
l'avait précédé dans une tombe prématurée, usé
comme lui, par vingt années de séjour sur les
rives malsaines du fleuve Blanc.

Nous donnons ici un fragment dû à la plume de
Jules Poncet lui-même. Ce sont quelques récits de
chasses à l'éléphant. Il n'y faut chercher ni la cor-
rection du style, ni l'habileté de la composition, et
ne pas oublier que ces pages ont été écrites par
un homme de haute intelligence, il est vrai, mais
sans études.

Ch. B.

DEUXIÈME PARTIE

LES CHASSES A L'ÉLÉPHANT

DANS LE PAYS DES DINKA ET DES DJOUR

Par JULES PONCET

En 1858, voyant que le fleuve Blanc n'offrait plus de grandes ressources, sous le rapport des échanges de l'ivoire, attendu que la concurrence et les frais allaient toujours en augmentant, nous résolûmes, mon frère Ambroise et moi, d'essayer de la chasse à l'éléphant. Pour cela il nous fallait des armes adaptées à ce genre de chasse que nous n'avions pas, et ne pouvions avoir qu'en les commandant.

Je partis donc immédiatement pour l'Europe. J'arrivai à Paris chez M. Schœller, représentant de plusieurs fabriques d'armes. Je lui commandai 39 carabines de trois onces et demie à balle

conique qui furent confectionnées en quarante-
cinq jours. Je retournai ensuite à Khartoum, où
j'arrivai en trois mois de trajet. J'y rencontrai
mon frère qui avait déjà fait tous les préparatifs
nécessaires pour une nouvelle expédition. Nous
étant placés dans notre dahabieh, nous partîmes
de ce dernier lieu le 17 février 1859, ayant avec
nous comme employés les deux frères Évangé-
lista, et nous nous dirigeâmes vers le Bahr-el-
Ghazal où nous arrivâmes en vingt-neuf jours de
navigation, alternativement à la voile et à la
corde.

Nous trouvâmes au Mouchrat-Rek une partie
de nos gens qui venaient de descendre de l'établissement que nous avions fondé l'année auparavant avec le produit de l'ivoire amassé pendant
la saison des pluies.

Après avoir cherché en vain pendant quelques
jours les éléphants aux environs du lac, nous
résolûmes, mon frère et moi, de nous séparer.
Lui devait redescendre, avec une partie des
chasseurs, le Bahr-el-Ghazal en chassant, et
remonter le Kir (nom que porte le fleuve Blanc
au dessous du 9° degré), jusqu'à Faouer, où je
devais, avec les autres chasseurs, aller les

rejoindre par terre, ainsi que nous en étions
convenus.

Or, le 16 mars à midi, après nous être embrassés avec effusion de cœur, nous nous dirigeâmes chacun de notre côté; Ambroise descen-
dit dans sa dahabieh. Pour moi, après une
demi-heure de marche, ne devant plus trouver
d'eau jusqu'au lendemain vers dix heures, je fis
faire halte au bord d'un étang d'eau douce pour
remplir nos deux ou trois outres et faire en
même temps boire nos animaux qui se compo-
saient de deux chameaux, deux baudets et une
mule que nous avions amenés de Khartoum.
Nous poursuivîmes ensuite notre marche vers
le sud-ouest par une forte chaleur, au milieu
d'un sentier tortueux, entouré d'hégliks, jusqu'au coucher du soleil.

Ayant fait halte dans un vieux parc à bœufs,
je fis placer nos effets et les animaux au milieu
de mes hommes, et six sentinelles en dehors, à
l'entour.

Les sentinelles devaient se relever trois fois
pendant la nuit.

Pendant tout mon voyage, chaque soir je disposais de cette manière mon camp pour n'être

pas surpris ni par les nègres ni par les bêtes féroces.

La nuit étant avancée, je m'endormis sur un tapis au milieu du plus profond silence de la forêt.

Le lendemain, 17 mars, je fus réveillé de bonne heure par le sifflement des pintades qui nous entouraient par milliers. Les nègres porteurs étant prêts, j'ordonnai de se mettre en marche toujours dans la direction du sud-ouest.

A dix heures, nous fîmes halte dans le village de Kod. Le chef Koullang, connaissant mes gens, s'empressa de faire préparer un diner et de m'apporter à moi-même un petit mouton. Pendant qu'on le faisait cuire, j'allai, avec deux ou trois chasseurs, Théodoro Evangelista et son frère Carlino, faire un tour dans la forêt, dans le voisinage, pour voir s'il n'y avait pas quelques éléphants.

A peine étions-nous à dix minutes de notre camp que nous vîmes venir à nous plusieurs nègres nous priant de tuer un lion qui venait, pour la troisième fois, de dévorer un enfant ; n'ayant encore aperçu aucun éléphant, nous adhérâmes de suite à leur prière. Étant arrivés dans une clairière de la forêt, nous vîmes, en effet, l'animal qui tenait encore dans ses griffes quelques lambeaux des membres de ce malheureux enfant. Alors nous lui envoyâmes trois balles dont deux d'éléphant. Il bondit deux ou trois fois à droite et à gauche et tomba mort sous le coup d'une quatrième balle, tirée par Carlino.

Les nègres se réunirent aussitôt de deux lieues à la ronde et chacun à son tour vint percer de sa lance le corps ensanglanté du redoutable animal. Ils allumèrent ensuite un grand feu où ils réduisirent son corps en cendres, pour qu'il ne reparût plus (disaient-ils) sous d'autres formes. Leur vengeance satisfaite, ils nous entourèrent, nous donnèrent un bœuf, puis nous accompagnèrent en grand triomphe jusqu'à notre camp. Je fis tuer ce bœuf qui, avec l'acida de Koullang, nous procura à mes gens et à moi plus d'un copieux dîner.

Après avoir fait un cadeau à notre hôte, chef de cette localité, nous nous remîmes en marche, vers les deux heures, dans la direction du sud-ouest, jusqu'à six heures, marchant cette fois à l'ombre des tamariniers, des sycomores, des arrouels, des amed (arbre mince et long, à feuilles larges et vertes), sans épines. La nature avait déjà changé d'aspect.

La nuit venue, nous organisâmes notre camp comme la veille, et nous nous endormîmes sur des traces fraîches de lion et de rhinocéros.

Le 18 mars, une heure avant le jour, nous étions en marche; après avoir traversé au sud-ouest une petite agabal (lieu désert), nous fîmes un détour vers le nord, un autre vers le sud, et nous sortîmes de la tribu des Lao pour entrer chez les Rek, et à dix heures nous arrivions à notre établissement.

Je fus reçu par une quinzaine de soldats et de domestiques qui tirèrent des coups de feu, en signe de joie et d'honneur. Notre établissement se composait d'une vingtaine de goutties (huttes en paille de forme conique) entourées d'une forte haie en épines. Au milieu de cette enceinte, sur une place nette, s'élevait un sycomore phénoménal, qui de ses énormes et longues branches ombrageait toutes les huttes.

J'ai omis quelques lignes de mon journal qui feront voir combien le nègre est privé de pitié.

J'avais pris sous ma sauvegarde au mouche-

rat-Rek une dizaine de nègres de la tribu Touidji,
qui avaient précédemment porté les effets d'un
marchand arabe qui, ne voyageant plus dans
l'intérieur, me pria de les conduire dans leur
pays où je devais aller chasser; sachant qu'ils
ne pouvaient s'en retourner seuls, sans courir
risque d'être égorgés en route par les Lao ou
par les Rek, je me chargeai donc volontiers de
cette commission. Chemin faisant, l'un d'eux
étant tombé malade et ne pouvant plus marcher,
ses compagnons me prièrent de décharger la
mule qui portait les munitions, pour y faire
monter le malade, en s'offrant de se distribuer
sa charge pour la porter avec la leur. Partageant
leur sentiment de pitié, je fais arrêter la caravane et décharger de suite la mule sur laquelle
on plaça le malade du mieux possible; puis
j'indique à chacun des autres nègres la part qu'il
doit prendre. Ils ont l'air de m'écouter, mais
bientôt ils se disputent les objets les plus légers
et finissent par ne vouloir rien prendre ni porter, se remettant en marche en me disant de
faire descendre leur compagnon pour recharger
sur la mule les effets qu'elle portait auparavant.
Transporté d'indignation de leur conduite, je

leur tombai dessus à coups de cravache pour les
faire revenir de leur mutinerie en les rappelant
à leur premier sentiment de pitié, mais ce fut en
vain, comme je ne pouvais abandonner mes munitions, je fus obligé d'acquiescer à leur volonté.

Nous nous mîmes donc en marche, les nègres
poussant devant eux le malade que je ne croyais
pas aussi malade qu'il l'était, je ne m'en occu-
pais plus, avec d'autant plus de raison que nous
étions déjà tout près du lieu où nous devions
nous arrêter. On vint alors m'annoncer que le
malade étant resté en arrière seul et ne pouvant
plus marcher, les Lao l'avaient assommé à coups
de bâton. Je fus transporté d'indignation contre
ses compagnons qui l'avaient abandonné, d'autant plus que parmi eux se trouvaient deux de
ses frères. J'éprouvais aussi moi-même un
remords de mon abandon, me repentant de
n'avoir pas usé de force pour les obliger à se
charger des effets. Quant aux Touidj, habitués
à de pareils crimes, ils n'en témoignèrent pas la
moindre surprise ; aussi je les laissai dans leur
abominable indifférence continuer avec nous
leur voyage pourreveni à Mirakok où je me
suis arrêté.

Voulant continuer dès le lendemain ma route pour le Ouaïkot, je fis préparer, pendant le reste de la journée, les munitions de chasse et les provisions nécessaires pour huit jours, en désignant les soldats domestiques qui devaient rester à la zarriba et ceux qui devaient m'accompagner au nombre de douze avec autant de chasseurs. Les soldats domestiques étaient tous armés de fusils de munition à un et deux coups. Quand tout fut préparé, j'allai visiter le jardin qui était tout proche, composé de bananiers et d'arbres à quèchta (ananas) que nous avions transportés par terre du jardin de Sainte-Croix. Le puits qui était à côté ne contenait pas assez d'eau pour l'arroser, puisqu'il suffisait à peine à étancher la soif des habitants du village. Tous les arbres avaient péri, et n'ayant conséquemment pas grand'chose à voir, je me mis à chasser autour de notre établissement les francolins. J'en eus bientôt tué une demi-douzaine qui, avec deux pintades, nous servirent d'excellent souper.

Le 20 juin, de très bonne heure, nous étions en route pour le Ouaïkot par un sentier sablonneux et peu battu, tortueux, entouré le plus souvent de petits arbres verts, couverts de fruits et de fleurs, et du lang-cilal (espèce de jujube) ressemblant par le goût et la forme à celle des cerises appelées, je crois, griottes ; d'autres fois sous de magnifiques tamariniers et arrouels dits vulgairement pain d'éléphant. Notre direction générale était vers le sud-ouest.

A dix heures, la chaleur étant devenue excessive, nous fîmes halte sous un beau sycomore au pied duquel il y avait un puits d'une eau nitreuse. Après nous être désaltérés, je dis à Carlino d'aller tirer quelques tourterelles que je lui indiquais sur un arbre ; mais, avant qu'il fût à portée de les tirer, ces oiseaux s'étaient envolés, en sorte que nous dûmes nous contenter de dîner avec du biscuit et des oignons.

A deux heures et demie, nous nous remîmes en marche dans la même direction jusqu'à six heures du soir. Étant alors arrivés à l'établissement de Ghattaz, nous fîmes halte. Le wakil de cette dernière localité nous apporta de l'hydromel que nous bûmes à longs traits. Je demandais à avoir un peu de lait, on me répondit qu'il n'y en avait pas, parce que tous les parcs à bœufs étaient au loin auprès des maïa (étangs).

Nous dûmes cette fois encore, Théodoro, son frère et moi, nous contenter de souper comme nous avions dîné.

Le jour suivant, 21 mars, l'étoile du matin était à peine levée, nous étions déjà en route. Au lever du soleil, nous fîmes une pose de cinq minutes pour faire provision d'eau pendant la marche de la matinée, en la continuant dans la direction du sud-ouest, tantôt à travers une forêt épaisse, tantôt à travers de longues et étroites plaines recouvertes de petites herbes sèches.

A neuf heures et demie, nous nous arrêtâmes près d'un autre puits, ombragé aussi par un grand sycomore. Étant fatigué et affamé, j'ordonnai à mon cuisinier de plumer deux outardes que j'avais tuées en route et d'en faire cuire une à la broche et l'autre bouillie. Pendant ce temps, je fis appeler deux ou trois nègres du village voisin, appelé Gniar, commencement du Ouaïkot, pour leur demander s'il y avait des éléphants dans la forêt voisine. Un instant après, mon drogman qui était un Dinka revint avec un seul nègre. C'était un Kodjour à qui je fis cadeau d'une lance en le priant d'envoyer deux nègres

dans la forêt. Il en fit donc avancer deux qui,
ayant rempli leur boukssar (courge) d'eau, disparurent derrière les arbres de la forêt. A deux
heures ils furent de retour et nous dirent avoir
vu un éléphant.

Impatients de voir l'effet de nos carabines,
nous n'attendîmes pas même le dîner. Que l'on
sache d'abord que c'était pour ainsi dire la première fois que nous allions tirer l'éléphant, sauf
Théodoro et deux de mes chasseurs qui avaient
tué l'année auparavant, avec mon frère Ambroise
et M. Vayssière, sept éléphants ; car jusque-là
personne ne les avait chassés sérieusement ni
par spéculation.

M. Vayssière n'en avait encore tué que quinze
et M. de Malzac était arrivé à son dix-huitième,
qui fracassa un de ses chasseurs; ce malheur
lui fit renoncer dès lors à cette chasse. Eux,
comme bien d'autres, nous ayant vus depuis
entreprendre avec résolution et avantage la
chasse aux éléphants, se sont aussi remis à
chasser après avoir pris des armes d'un plus
fort calibre.

Avant de nous diriger vers l'éléphant, le
Kodjour qui était avec nous planta un piquet au

pied de l'arbre sous l'ombre duquel nous étions.
gesticulant en récitant quelques paroles, comme
prières qu'il devait faire lui-même afin que nous
abattions l'animal qui désormais, disait-il, ne
pourrait ni s'enfuir ni nous charger.

Ainsi rassurés par notre Kodjour, nous entrâmes dans la forêt et fûmes bientôt sur les
traces de l'animal. Notre Kodjour resta à deux
cents pas en arrière, tandis que nous avançâmes
jusqu'à quinze et fîmes feu de derrière un buisson
où nous étions cachés. L'éléphant se mit à
marcher comme s'il n'avait rien eu. Nous rechargeâmes de suite nos armes et chacun de
nous lui lâcha une balle séparément jusqu'à ce
qu'il tombât mort.

Mes chasseurs étant la plupart novices pour
cette chasse dangereuse, nous ne trouvâmes que
sept balles dans les côtes de l'animal qui, probablement pour cause de maladie, n'avait
qu'une seule défense pesant environ 75 livres ;
l'autre était malade et ne sortait que de deux
travers de doigt de la racine. Lui ayant coupé
la queue, nous revînmes au camp, laissant
quelques soldats pour enlever la dent, très
contents de notre premier succès.

Le Kodjour nous précédait en dansant et chantant plus que jamais. Il croyait ou feignait de croire d'avoir, à lui seul, par ses enchantements, tué cet éléphant. Les autres avaient aussi la même croyance, quoiqu'ils eussent trouvé, en coupant la viande qu'ils se disputaient même à coups de lances, quelques balles qu'ils se passaient avec étonnement de main en main. Le soir, étant rentrés dans notre camp, je fis un bon souper avec mes outardes et un ragoût du cœur et du foie de cet éléphant.

Le 22 mars, deux nègres que nous avions envoyés le matin dans la forêt, revinrent à midi. Ils nous dirent que les éléphants devaient se trouver plus en avant. Nous partîmes donc immédiatement vers le sud-ouest, et, deux heures après, nous campâmes à Marial, à côté de deux puits entourés de trois gros kouels. Les nègres du village nous ayant dit que les éléphants venaient boire chaque nuit dans quelques puits qu'ils nous indiquèrent à une demi-heure plus haut, je fis préparer de suite mon souper qui se composait cette fois d'une petite gazelle.

A sept heures, laissant animaux, bagages et effets à la garde des soldats, je me dirigeai avec

les chasseurs précédé d'un indigène vers les
puits en question. Après une bonne demi-heure
de marche dans la plus profonde obscurité, nous
arrivâmes à une dizaine de puits situés à côté
les uns des autres.

Le vent venant du sud, et les éléphants devant
venir de ce côté, nous nous plaçâmes près du
puits orienté vers le nord où nous attendîmes
dans le plus profond silence jusqu'à neuf
heures.

Un craquement de branches sèches s'étant
produit sans néanmoins que nous puissions rien
apercevoir, nous nous dirigeâmes, dans notre
impatience (quoique tous novices dans l'art de
cette chasse), du côté du bruit que nous avions
entendu. A peine avions-nous fait trois cents pas
que nous vîmes s'avancer à pas lents deux
grosses masses noires, confondues par intervalle
dans l'obscurité. Étant trop nombreux, car nous
étions douze, pour pouvoir rétrograder en silence
jusqu'au puits, j'ordonnai à tous de se coucher
à plat ventre, la carabine armée.

Les éléphants continuèrent de venir à nous,
ils n'étaient plus qu'à trente pas ; mais, soit
qu'ils nous eussent aperçus, soit par l'effet du

hasard, ils dévièrent à gauche. Ne nous trouvant
plus alors sur leur passage, je pris le parti de
retourner au plus vite vers les puits avant qu'ils
y fussent arrivés pour boire. A peine y étions-
nous établis, sans qu'ils nous eussent aperçus.
que nous les vîmes arriver à dix pas du premier
puits, et bien qu'ils fussent pressés par la soif,
ils s'arrêtèrent et écoutèrent au moins pendant
dix minutes. Cette pose nous impatientait tellement que nous avions envie de nous lever pour
nous approcher d'eux ; mais bientôt l'un de ces
éléphants s'avança de quelques pas ; alors craignant qu'il ne reculât au petit bruit qu'avait
imprudemment fait un de nos gens, j'ordonnai
à voix basse de faire feu. La fumée de la poudre
nous aveugla d'abord tellement que nous ne
pûmes pas voir l'effet qu'avaient produit nos
balles. Ce ne fut qu'une minute après que nous
vîmes l'animal toujours à la même place. Il
semblait chercher à découvrir d'où les coups
étaient partis en tournant sa tête et sa trompe.

N'ayant pu nous apercevoir, parce que nous
étions couchés à plat ventre par terre, l'éléphant
s'enfonça dans la forêt derrière son compagnon.

Peu satisfait, je me levai et vins examiner, à la lueur de quelques allumettes, si je reconnaîtrais quelques traces de sang. N'en ayant point découvert, je désignai les hommes qui devaient faire la garde pendant que je prendrais du repos avec mes autres hommes; et m'étant couché par terre, ma carabine à mon côté, je m'endormis bientôt, dans l'espérance de retrouver mon éléphant le lendemain.

Le 23 mars, avant le lever du soleil, nous étions déjà dans la forêt; mais ayant vu la veille que notre grand nombre ne servait qu'à nous embarrasser les uns et les autres, je divisai les chasseurs en deux bandes pour avoir plus de chance; l'une marcha dans la direction du sud, sur des empreintes fraîches, et l'autre composée de cinq hommes, avec qui j'étais, prit la direction du centre de la forêt pour découvrir les traces de l'éléphant qui avait été indubitablement blessé la veille.

Après deux heures de battues, à la suite d'un indigène qui nous guidait à droite et à gauche dans cette épaisse forêt, notre guide commanda le silence et nous fit voir un éléphant à deux cents pas de distance, arrêté sous un arrouel, chassant avec ses oreilles les mouches qui le piquaient; mais ce n'était pas celui qui avait été blessé.

Suivi de Théodoro, de son frère, et de trois autres chasseurs, je m'avançai doucement derrière les buissons jusqu'à un gros bouquet d'herbes d'où je croyais être à portée de tirer. Mais je m'étais bien trompé; et ne pouvant cependant plus avancer sans être vu, je comptai un, deux, trois, et nos coups partirent; aussitôt l'éléphant se retourna précipitamment vers nous en poussant de forts grognements. Nous ayant aperçus, il nous chargea : alors chacun se jeta de côté en courant, et en essayant de recharger son arme. Un de nos chasseurs aussi habile que courageux, se voyant serré de trop près, se jeta et s'enfonça dans un buisson d'épines si touffu que, dans toute autre circonstance, personne n'aurait pu y pénétrer.

L'éléphant le perdit bien de vue, mais non d'odorat. Il se mit à crier en tournant et retournant autour du buisson sans apercevoir le chasseur dont il connaissait cependant le refuge. Le chasseur qui se croyait perdu, quoique à l'abri, parvint à recharger sa carabine

à triple charge, se réservant de ne la tirer qu'à
la dernière extrémité. Pendant tout ce temps
nous avions aussi rechargé nos armes, et nous
nous approchâmes séparément vers l'animal
qui était furieux. Décidés à le faire au moins
changer de place pour délivrer notre homme,
nous déchargeâmes chacun à volonté notre
coup à la distance de trente pas. La bête chancela un instant et tomba morte à dix pas du
buisson, d'où sortit ensuite notre chasseur tout
ensanglanté de la piqûre des épines, qu'il n'avait
pas sentie, nous dit-il, à son entrée.

A peine avions-nous encore envoyé à l'animal
étendu mort la balle de précaution, que nous en
vîmes venir un autre à nous. Je prescrivis alors
au chasseur piqué par les épines de rester près
du mort, tandis que nous nous dirigerions à la
poursuite du survenant, sur lequel nous fîmes
feu à la distance de vingt pas. Il s'enfuit aussi vite
que l'éclair en poussant des cris aigus, brisant les
arbres qui lui barraient le passage. Nous rechargeâmes nos armes à l'envi afin de le tirer à qui
mieux mieux ; et après une course de dix minutes,
nous arrivâmes tous ensemble sur les pas de
l'animal sur lequel nous lâchâmes une décharge.

Ayant été blessé grièvement, il se retourne et nous poursuit les uns après les autres en poussant des cris aigus à nous assourdir, tout en arrosant ses blessures avec l'eau qu'il puisait avec sa trompe dans son estomac. Un de nos chasseurs, dont le coup n'était pas parti, ayant renouvelé la capsule de son arme, attendit l'éléphant derrière un buisson et lui envoya sa balle à la naissance de l'épaule. L'animal tomba, se releva, puis se remit en course.

J'étais accablé de fatigue et par surcroît très affamé, je ne pus aller plus loin. Je m'assis sous un arbre et dis aux chasseurs qui passaient devant moi, encore pleins de vigueur pour aller à la poursuite de cet éléphant, de revenir à l'endroit où j'étais assis, et, dans la crainte qu'ils ne sussent pas retrouver l'emplacement, je le répétai en dinka à l'indigène qui les précé dait.

Le soleil m'indiquait midi, je compris que nous avions marché et couru pendant sept heures; mais nous n'étions pas à la fin de nos fatigues, puisqu'il fallait encore revenir à notre camp.

Dévoré d'une soif ardente et n'ayant pas

d'eau, je me mis à fumer. La fatigue et la fumée
me rendant la tête pesante, j'étais sur le point
de m'endormir, quoique ce ne fût ni le lieu, ni
le moment. Je me levai donc en secouant la tête
pour dissiper le sommeil, lorsque j'aperçus
devant moi, à une vingtaine de pas de distance,
deux buffles qui broutaient paisiblement une
touffe d'herbes.

La journée était déjà avancée et ne voyant
personne revenir, je commençais à craindre que
les chasseurs et le nègre indigène à qui j'avais
parlé en dinka n'eussent pas compris ma recom-
mandation ; aussi pris-je le parti de décharger
ma carabine dans l'espoir que le bruit serait
entendu ; pour ne pas tirer à vide et m'assurer
aussi d'une chose que j'avais déjà eu l'occasion
de voir, mais avec des armes de petit calibre,
j'ajustai un des deux buffles au milieu du front ;
le coup partit, mais l'animal parut plus effrayé
de la détonation que de sa blessure, il se sauva
lentement en secouant parfois la tête. Ne pouvant m'assurer de la justesse de mon coup qu'en
le tuant, je lui ajustai une autre balle derrière
l'oreille pendant qu'il continuait à marcher. Il
fit un énorme bond en l'air, et il retomba roide

mort sur le dos. Je m'approchai et le visitai soigneusement au front, là où la première balle l'avait frappé; elle avait glissé en bas en laissant une empreinte sur ce front si dur.

Convaincu pour toujours qu'il ne fallait jamais tirer le buffle au front, qui était à l'épreuve de la balle, je retournai sous mon arbre de plus en plus inquiet. Enfin, à deux heures, je vis arriver, à travers les feuilles, un nègre; c'était, en effet, celui à qui j'avais recommandé de venir me rejoindre. Je me mis donc en marche, derrière lui, portant ma carabine sur mes épaules, lui demandant par signes, ce que je ne pouvais pas lui demander par paroles, où étaient mes chasseurs, et ce qu'ils avaient fait. Il me répondit que l'éléphant ayant pris une course trop rapide, ils n'avaient pu l'atteindre, mais que lui-même ayant entendu une forte détonation, qui n'était cependant pas la mienne, il s'était dirigé de ce côté, et avait trouvé, une demi-heure après, l'autre compagnie de chasseurs que nous avions laissée le matin entrer dans la forêt vers le sud; lesquels chasseurs venaient aussi d'abattre un éléphant à qui ils avaient déjà arraché les dents quand j'arrivai. Ces dents pesaient cent dix livres. Je retrouvai tout mon monde occupé à manger la chair de cet éléphant qu'ils avaient fait cuire sur un feu pétillant. Je pris aussi ma part de ce festin, car j'en avais bien besoin, n'ayant rien mangé depuis la veille.

Nous étant bien restaurés, j'ordonnai à quelques chasseurs de prendre des haches pour aller, pendant la nuit, arracher les défenses de l'autre éléphant, auprès duquel était resté l'intrépide chasseur, à deux heures au moins au delà de notre camp. Puis, étant accompagné de quelques autres hommes, je me dirigeai vers les puits que nous avions quittés le matin, et où nous arrivâmes, après une marche de deux heures, au coucher du soleil.

J'avais l'intention, quoique exténué de fatigue, de passer la nuit à l'affût, comme la veille; je fis de suite préparer notre souper qui se composa de foie d'éléphant, rôti sur la braise; et pour nous soustraire à la vue de ces éléphants, j'ordonnai de relever avec de la terre le bord des puits de 60 à 70 centimètres.

Notre repas terminé, nous allâmes nous y poster; environ deux heures après, une quantité d'animaux vinrent boire à ces puits, tels que girafes, buffles, différentes espèces d'antilopes, sangliers aux dents crochues, et rhinocéros. Enfin nous entendîmes le bruit sonore du balancement de plusieurs trompes, et après cinq minutes passées dans un profond silence, arrivèrent quatre éléphants mâles à six pas de ces puits; ils écoutèrent un instant, et s'avancèrent jusqu'au bord. Mais comme ils étaient trop profonds, trois de ces éléphants s'agenouillèrent pour pomper l'eau avec leurs trompes; le quatrième qui était resté en arrière de quelques pas semblait faire le guet. Il était convenu que je devais donner le signal pour tirer; j'attendis qu'ils eussent étanché leur soif; ayant donc compté à voix basse jusqu'à trois, et ajustant nos armes au haut de l'épaule, nous tirâmes en même temps. La fumée nous permit à peine de voir s'avancer sur nous ces quatre éléphants. N'ayant rien de mieux à faire, nous nous couchâmes sans le moindre bruit pour n'être pas aperçus. Lorsqu'ils furent à cinq pas, ils durent, heureusement pour nous, faire un détour.

Ne nous ayant ni vus, ni éventés, ils devièrent totalement de notre poste. Nous en fûmes bien aises, car nous n'avions aucun moyen de

salut. Néanmoins, à la dernière extrémité, chacun
de nous avait pensé intérieurement à se jeter
dans les puits; encore ce moyen ne nous aurait-
il pas sauvé d'une mort certaine, parce que ces
puits n'étant pas assez profonds, les éléphants
nous y auraient repêchés.

Étant hors de danger, nous rechargeâmes
aussi silencieusement que possible nos armes,
et nous avançâmes, le corps baissé, du côté des
éléphants blessés qui nous cherchaient à cent
pas plus loin. Les ayant bientôt rejoints, j'en vis
un séparé des autres, d'où je conclus qu'il avait
été blessé plus grièvement; aussi lui envoyâmes-
nous une nouvelle décharge dirigée sur les
jambes de devant. A la pression même de la
détente, il tomba mort. Ayant encore trois coups
prêts, gardés par précaution, je les fis tirer sur
un des autres éléphants qui se trouvait à portée;
celui-ci s'abattit et se releva deux ou trois fois
en essayant de marcher. Quoique nous nous
trouvassions accablés de fatigue au point de ne
pouvoir pour ainsi dire plus agir, nous rechargeâmes nos armes et nous nous mîmes à la
poursuite de cet éléphant et lui ajustâmes,
quoique dans l'obscurité, une autre décharge

aux jambes de devant. Néanmoins il ne tomba pas, il vint au contraire à nous, mais il expira, fort heureusement pour nous, au moment où il était sur le point de nous atteindre; il avait les jambes mutilées tant par les balles que par les chutes qu'il avait faites; et pour coup de grâce, nous lui lâchâmes un dernier coup au cœur, puis nous nous couchâmes à terre auprès de lui avec nos carabines. Ayant laissé deux soldats de garde, nous ne tardâmes pas à nous endormir. Je fus réveillé une fois au bruit que faisaient les nègres, qui ne cessaient d'aller et venir en transportant la viande des éléphants que nous venions de tuer pendant la journée. Le lendemain, il ne restait même pas les os de ces montagnes de viande dont les vautours n'eurent même pas leur part.

L'aube de la journée du 24 mars avait à peine paru, que nous vîmes arriver les gens qui avaient couché dans la forêt pour arracher les défenses des éléphants. Au moment de nous mettre en chasse, je cherchai en vain jusqu'à dix heures un nègre qui, comme le jour précédent, voulût bien nous servir de guide.

Étant tous rassasiés pour l'instant, grâce à l'énorme quantité de viande qu'ils avaient dévorée, ces nègres se souciaient alors fort peu de nous ; c'est là d'ailleurs le caractère du nègre. Lorsqu'il a faim et qu'il est misérable, il est soumis, rampant et docile ; mais une fois rassasié, il devient fier et cruel. Ce ne fut qu'en donnant deux lances et un collier de Béard (œufs de pigeon et verroterie), chose exorbitante pour le lieu, que je parvins, vers midi, à trouver deux nègres qui consentirent à nous accompagner pour le restant de la journée. Nous déjeunâmes comme la veille avec du foie d'éléphant, rôti sur la braise, sans pain, car nous avions laissé toutes nos provisions avec nos effets dans l'endroit où elles étaient deux jours auparavant.

J'envoyai vers notre camp, sous la garde de quelques hommes, les défenses des éléphants que nous avions tués, puis j'entrai dans la forêt avec les six chasseurs qui me restaient ; supposant que les éléphants auraient flairé l'odeur de ceux qui avaient été tués la veille, nous allâmes tout à fait au sud-ouest, dans l'Agaba (petit désert), qui sépare les Djerouil, des Djour du Ouaïkot.

Nos guides, n'ayant plus grand intérêt à trouver les animaux que nous cherchions, nous

conduisirent machinalement jusque vers trois
heures, à travers une forêt alternativement
épaisse et clairsemée d'arbres dont quelques-
uns étaient en fleurs. Fatigués de notre course,
nous nous reposâmes un instant au pied d'un
groupe de tamariniers. A cent pas de nous, nous
vîmes deux arbres couverts d'abeilles. Théodoro, aussi hardi que gourmand, se mit sans
façon à arracher les meilleurs rayons qu'il
m'apporta dans son tarbouch. Nous en mîmes
une partie dans une outre d'eau et gardâmes le
reste pour le manger quand nous serions arrivés
à notre camp. Gonflés d'hydromel, Theodoro,
seul ressentait les piqûres des abeilles *bienfaisantes*, qui sont très nombreuses dans ces forêts,
nous nous mîmes en marche pour prendre nos
effets et nos provisions que nous avions grand
besoin de visiter. Nous tuâmes une autruche et un
sanglier. A notre arrivée au camp, Théodoro,
son frère et moi, nous nous dédommageâmes
des deux lucratives, mais accablantes journées
que nous venions de passer, avec un bon bouillon d'éléphant et avecun pied grillé mis dès le
matin dans la braise, par mon cuisinier.

Le 25 mars, nous nous levâmes frais et dispos,.

et nous recommençâmes notre chasse, accompagnés comme la veille d'un nègre largement rétribué. Cette fois nous nous dirigeâmes vers la forêt opposée à l'est, et, à six heures, sans même nous en être aperçus, nous nous trouvâmes au milieu d'un troupeau de mille éléphants au moins, car la forêt en était envahie. Nous fîmes choix du plus fort pour l'entourer, et je dis à mon oukil (représentant) de prendre six chasseurs et d'attaquer à leur guise les éléphants d'un autre côté, tandis que Théodoro, Carlino, trois autres chasseurs et moi, nous avancions en nous courbant sans faire le moindre bruit vers celui que nous avions honoré de notre choix. Après avoir tourné et retourné autour de plusieurs autres éléphants, nous parvînmes à l'approcher à quinze pas, nous ajustâmes et fîmes feu en même temps. Ce bel animal tomba mort avec l'explosion, quatre balles l'avaient atteint au cœur et deux à la naissance de l'épaule.

La première décharge nous promettant déjà une bonne journée, nous rechargeâmes nos armes et nous visâmes un autre éléphant qui avait encore de plus belles défenses (car elles étaient vraiment phénoménales). A peine étions-nous postés, et au moment où nous allions tirer, une forte détonation se fit entendre ; alors cet éléphant se retourna et marcha vers le troupeau, au milieu duquel il se plaça ; et comme nous ne pouvions pas passer sous les jambes de ceux qui l'environnaient pour arriver à portée de le tirer, nous dûmes attendre que l'occasion s'en présentât d'elle-même. Après un instant d'attente qui nous parut très long, voyant que les éléphants cherchaient à le garantir à l'aide de leurs propres corps, en l'environnant, nous tirâmes sur un autre qui paraissait avoir d'aussi belles défenses, afin qu'il nous livrât un passage plus facile pour viser le premier qui était devenu notre principal but. Étant grièvement blessé, il tomba d'abord, puis se releva cinq minutes après pour aller retomber mort à quelques pas plus loin à la suite de deux autres coups portés par deux de nos chasseurs qui l'avaient suivi.

Le vide qu'il avait fait était déjà rempli par un autre éléphant, sans néanmoins masquer complètement la vue de celui que nous visions en premier lieu, qui n'avait pas bougé de sa place, malgré les fortes détonations. Nous n'étions que quatre pour tirer, je donnai le signal, et nos coups l'étendirent roide mort en poussant un fort grognement. Alors la plus grande partie du troupeau s'enfuit, il n'en resta qu'une dizaine qui ne nous aperçurent pas, car nous étions cachés derrière un buisson. Ils s'approchèrent de celui qui venait d'être tué, s'agenouillèrent en passant leurs défenses par-dessous le cadavre pour essayer de le relever. Ils poussaient des cris aigus et lamentables. Nous aurions pu en ce moment en tuer encore deux ou trois; mais étant confus et touchés de la pitié de ces animaux si intelligents, je les laissai déplorer à leur manière et à leur aise la mort de leur compagnon. Ayant vainement essayé de le relever et comprenant que ce lieu leur était funeste, ils se redressèrent et s'enfuirent ensemble.

Ce fait, qui paraîtra douteux au premier abord, s'est renouvelé une seconde fois en notre présence, sur le fleuve Bleu. Il s'est aussi reproduit une autre fois devant M. Vayssières. Les éléphants du fleuve Blanc n'ont pas, comme le rapporte M. Brun-Rollet, qui n'a jamais vu que par hasard et de sa barque ces animaux, soit en montant, soit en descendant les rives du fleuve, leur cimetière à Oued-Chellaï. Cependant, ils n'en sont pas moins intelligents.

Après la disparition de ces dix éléphants, nous aperçûmes à dix minutes de là, à travers les branches, une autre petite bande de laquelle il s'en détacha un qui se dirigea à toute course sur nous en criant et brisant les arbres qui lui barraient le passage. Il avait été blessé par l'autre compagnie de chasseurs dont nous avions entendu cinq minutes auparavant la décharge. Immédiatement nous nous jetâmes de côté derrière des arbres épars, distants de 40 pas les uns des autres. Cet éléphant frottait ses blessures avec de la terre qu'il prenait avec sa trompe; il passa tout juste entre nous, et comme nous ne pouvions le tirer en face, soit par côté, crainte d'être mutuellement atteints par nos balles, nous le tirâmes séparément d'arrière et en avant aux oreilles. A cette détonation il rebrousse chemin en appuyant de mon côté; Carlino, qui était auprès de moi, lui lâche son coup de réserve à l'une des jambes de devant, ce qui ne l'empêcha pas de continuer sa course. Néanmoins, il s'arrêta dans un bouquet d'arbres touffus. Là, immobile et chancelant, il reçut encore une autre balle qui enfin l'étendit mort.

Les autres éléphants s'étant éparpillés en s'enfuyant, nous allâmes rejoindre nos compagnons de la seconde troupe qui avaient aussi abattu deux éléphants mâles. Ayant laissé trois chasseurs et six soldats pour enlever les défenses de ces six beaux éléphants, je m'en retournai avec le reste des hommes à l'endroit où j'avais laissé nos effets. Il était quatre heures de l'après-midi, quand j'arrivai mort de soif. Quand je me fus reposé, mes hommes vinrent me dire que, depuis trois jours, ils n'avaient pas mangé du pain (acida); je savais, en effet, que le doura que nous avions pris avec nous était fini. J'ordonnai à mon drogman de dire à une femme qui puisait de l'eau à un puits dans le voisinage, de nous en vendre, mais elle s'y refusa, alléguant qu'elle n'en avait pas et que personne n'en avait. Sachant le contraire, et en ayant extrêmement besoin, je lui présentai une couffe avec trois bracelets en cuivre et les lui mis dans les mains en lui indiquant par un sourire de remplir de doura notre vase qui était d'une modique dimension. A la vue du bracelet, elle prend la couffe indiquée et, toute joyeuse, elle s'en va chez elle la remplir. Une heure après, le doura était (sauf ce qui avait été donné à nos animaux) déjà réduit en farine et même sur le feu, lorsque le mari de cette femme vint pour le reprendre, disant d'abord qu'il ne voulait pas le vendre, et ensuite qu'un bracelet n'était pas son prix. Je compris de suite que la femme avait caché deux bracelets. Ne voulant pas la faire battre, d'autant plus qu'elle m'avait fait plaisir, je dis à son mari : « Tu as raison. Un seul bracelet n'est pas suffisant, en voici deux autres et un collier de mandjour par-dessus le marché. »

Le mari content, du moins paraissant l'être, s'avança, prit le tout, et disparut sans mot dire.

J'en conclus qu'il n'était pas encore tout à fait content malgré ma générosité. Le soleil venait de se coucher lorsque arriva un autre nègre armé de ses flèches, de son casse-tête et de sa lance, il s'arrêta à trois pas de moi, debout, une jambe pliée sur le genou et l'autre dans une position presque menaçante, il me demanda, en nous examinant, *et nous comptant* un par un, si j'avais payé l'homme du doura ; patient et bon comme à l'ordinaire, je lui répondis que oui. N'ayant plus rien à dire et à examiner, il

fit une forte grimace, accompagnée d'un claquement de la langue et des lèvres et s'en alla. Je
connaissais déjà les nègres, je compris que
cette grimace menaçante, usitée chez eux, lorsqu'ils veulent vous prouver leur haine et leur
dédain, ne nous promettait rien de bon.

Je m'étais déjà aperçu pendant la journée que
les nègres tramaient quelque chose, quoique
nous n'eussions cependant rien à nous reprocher. Je ne pouvais pas m'imaginer ce qu'ils
pouvaient avoir. Mais grâce à ma fatigue et à la
faim que j'éprouvais, j'eus bientôt tout oublié.
A six heures, les hommes que nous avions
laissés dans la forêt pour enlever les défenses
des éléphants arrivèrent chargés de douze belles
défenses. Celles des deux premiers éléphants
que nous avions tués le matin pesaient plus
d'un quintal chacune. L'acida, baignée dans la
graisse de l'éléphant, étant prête, tout notre
monde se mit à la gamelle. Théodoro, Carlino
et moi nous en fîmes autant d'un autre côté, et
à onze heures tous s'endormirent, couchés les
uns par terre, les autres sur des peaux. A
minuit, je fus réveillé par un violent coup de
tonnerre et par une petite pluie ; mais, accablé

de fatigue et de sommeil, je ne fisque soulever
ma tête et je me rendormis aussitôt. La pluie
n'en continua pas moins à tomber, ce qui me
força de prendre mon tapis et ma couverture
déjà aux trois quarts mouillés pour me réfugier
dans une vieille hutte qui se trouvait dans le
voisinage. Théodoro et son frère en firent autant
et après avoir fait aussi rentrer mes effets, nous
nous rendormîmes paisiblement. Nos hommes,
qui étaient aussi harassés de fatigue, dormaient
quoiqu'ils fussent mouillés. Nos armes le furent
également.

Pendant que nous dormions, les nègres
rôdaient autour de nous par milliers, et nous
ne dûmes notre salut qu'à la profonde obscurité
qui régnait. Le 26, journée bien longue, bien
rude et fatale plus encore aux nègres qu'à nous,
je me levai, déjà mécontent, à mon heure habituelle. Ayant entendu les cris de quelques
francolins tout près de nous, je pris mon fusil
et me dirigeai vers eux ; j'en blessai une quinzaine sans pouvoir néanmoins en avoir un seul ;
désappointé et furieux, je m'en retournai ; arrivé
auprès des miens, Ibrahim-Hamour, mon oukil,
vint me dire qu'Attian, nègre des Rek, qui restait

depuis deux ans avec nous, avait dormi pendant
la nuit au morah (parc à bœufs), qu'il avait
entendu comploter contre nous, et que les
nègres se préparaient à nous attaquer. Je lui
demandai s'il en connaissait le motif : « Aucun
que je sache, » me répondit-il. Ils sont rassasiés
etle sv oilà *taggian* (altiers et insolents). —Ma
foi, lui répondis-je, il faut bien qu'il en soit
ainsi, puisque nous ne leur avons absolument
rien fait. » Je fis cependant appeler Attian pour
lui demander s'il avait pu comprendre à leur
conversation le motif pour lequel ils voulaient
nous attaquer. Je crois, autant que j'ai pu le
comprendre, que c'est à cause du massacre que
nous faisions de leurs éléphants. Ce n'était vraiment là qu'un prétexte futile, puisque à notre
arrivée ils étaient si contents de pouvoir se
rassasier de viande. Ils se servaient maintenant
de ce prétexte pour nous chasser. Transporté
d'indignation, je fis tirer d'une caisse en fer les
munitions, et je distribuai à chacun de mes
hommes six paquets de cartouches, et aux
chasseurs de grosses cartouches pleines de
chevrotines pour leurs carabines. Étant ainsi
sur nos gardes, nous nous assîmes avec indif-

férence, absolument comme si nous ne savions rien.

A huit heures, cinq à six nègres, coiffés de leurs tartours arroyants (bonnets coniques), couverts de ouédas (coquilles), ou de verroterie blanche, coiffure portée par les jeunes gens de bon ton passèrent à dix pas de nous, et s'arrêtèrent cinq minutes pour nous compter, nous examiner. Un instant après, il passa et repassa auprès de nous plusieurs autres groupes de nègres tous armés.

A dix heures, ne doutant plus qu'ils ne voulussent nous attaquer, j'envoyai Attian aux environs du morah, pour savoir ce qu'on y tramait. Nu comme tous les autres, il ne fut pas remarqué et revint peu après me rapporter que les nègres s'étaient divisés en trois troupes, n'attendant que le moment où nous irions chasser séparés comme les jours précédents, pour nous attaquer. Connaissant alors le motif du retard de leur attaque, je contremandai la chasse. Après une heure d'attente et de réflexion, je compris que le meilleur parti que nous eussions à prendre était de partir, ne pouvant désormais plus chasser en sécurité dans ce district; en effet, on

est obligé de marcher quelquefois au milieu de
la forêt, un par un et à une certaine distance
pendant des heures entières. Les éléphants,
sentant aussi l'odeur des squelettes de ceux des
leurs qui avaient été tués, avaient dû fuir un
asile qui leur était aussi fatal. En un mot, ayant
tout pesé à sa juste valeur, je vis qu'il n'y avait
plus rien à faire dans ces parages, si ce n'était
que de recevoir des coups de flèches.

Aussi, pour éviter une altercation qui cause-
rait naturellement la mort ou la blessure de
plusieurs nègres, sans que nous fussions non
plus exempts de quelques accidents, j'ordonnai
les préparatifs de départ pour rentrer à notre
camp par la même route que nous avions déjà
suivie. Ayant évalué le poids de nos effets, des
munitions et de l'ivoire, je compris que les animaux, monâne compté, ne pourraient porter le
tout, qu'il me fallait encore six hommes pour le
surplus ; mais où les prendre ? A cent pas de
nous, se trouvaient l'homme et la femme qui
nous avaient préparé l'acida les jours précédents
pour nos hommes ; pauvres et n'ayant absolument rien à faire avec les gens du morah, ils
consentirent, moyennant quatre bracelets que

je leur donnai, à porter deux charges jusqu'à
l'établissement de Gattaz; c'est tout ce que nous
voulions. Ne trouvant pas des porteurs nègres
pour les autres quatre charges, je les remis à
quatre de mes soldats.

A peine avions-nous fait un quart d'heure de
chemin, en suivant une étroite et longue plaine,
bordée de côté et d'autre par la forêt, que nous
vîmes apparaître à travers les feuillages sur les
deux côtés un nombreux défilé de nègres; les
bois en étaient tout noirs. Je compris qu'ils
nous avaient suivis depuis notre départ, qu'ainsi
nous n'en serions pas quittes à si bon marché.
Par prudence, je fis marcher les porteurs avec
les animaux au milieu, escortés par une douzaine
de chasseurs et de soldats. En avant marchait
le pavillon, gardé par six habiles chasseurs;
Théodoro, son frère, le oukil et moi nous fer-
mions la marche.

Les nègres nous ayant vus faire cette manœuvre, envoyèrent deux groupes très nombreux en avant, comme pour nous barrer le
passage, feignant néanmoins de ne pas nous
être hostiles, quoiqu'ils espérassent toujours
nous surprendre. Cependant ils disparurent

dans la forêt qui était devant nous. Mais les
autres qui marchaient toujours à notre droite et
à notre gauche d'un pas ordinaire, redoublèrent
de vitesse et prirent le pas accéléré pour nous
dépasser, puis ils disparurent au milieu des bois
pour rejoindre leurs compagnons ; ils vinrent
tous nous attendre dans un endroit touffu où
nous devions passer ; nous aurions pu éviter
cette embuscade en faisant un détour, mais ils
se seraient imaginés que nous avions peur d'eux,
ce qui les aurait encouragés de plus en plus,
c'est pourquoi je fis continuer notre marche
directe. Arrivés au commencement du défilé, où
nous savions les nègres cachés, Théodoro, Carlino, le oukil et moi nous passâmes sur le devant
avec le pavillon. Nousouvrîmes tous nos car-
touchières et marchâmes en avant ayant nos
armes préparées ; peu après nous vîmes sortir
du taillis un beau nègre qui s'avança vers nous
comme pour nous parler. Aussitôt Théodoro le
mit en joue ; mais je l'arrêtai et lui dis qu'il
pourrait bien être un envoyé de la troupe.
S'étant donc avancé martialement jusqu'à nous,
il nous dit qu'il y avait tout près de là deux
éléphants. Cette sortie, dépourvue de toute

adresse, me fit éclater de rire en pensant qu'ils
nous croyaient aussi simples qu'eux. Mon rire
parut le contrarier ; et sans attendre ma réponse,
il nous tourna le dos et alla se cacher derrière
un buisson, d'où, se croyant à l'abri de nos
balles, il nous envoya une volée de flèches avec
une promptitude et une adresse incroyables. Il
en tira sept; trois arrivèrent à Théodoro et moi,
en nous effleurant les jambes; deux passèrent
sur nos têtes, et les deux autres, mieux dirigées,
atteignirent malheureusement un soldat dans
l'oreille et un porteur rek, au bras. Il se retourna
pour fuir, mais au moment même, Théodoro lui
envoya une balle, et, après avoir fait un bond
extraordinaire, il tomba mort sur le dos. Alors
tous les noirs sortirent des bois où ils se tenaient
cachés pour nous surprendre, en criant, hurlant,
courant, tout en nous envoyant des volées de
flèches.

N'ayant plus rien à espérer ni à attendre, je
fis poser nos effets à terre à côté des animaux
que nos hommes entourèrent. Étant ainsi placés,
je commandai le feu, et chacun tira et rechargea
à volonté. Pour mon compte, je fis vaillamment
travailler, avec peu de promptitude, mais beau-

coup d'adresse, mon fusil, que j'ai surnommé *l'infaillible*. A la seconde décharge, les nègres commencèrent à rétrograder; cependant un groupe qui paraissait plus décidé, criait aux fuyards : « Comment, lâches ! vous fuyez les femmes, les Turcs ! » et nous envoyait en même temps des flèches. Ce groupe se décida néanmoins à aller tirer de plus loin, après avoir essuyé la décharge de Théodoro, d'Ibrahim et la mienne.

Au bout de quelques instants, deux ou trois cents d'entre eux qui avaient fait semblant de fuir, revinrent sur nous à la course, comme décidés à en venir à la lance. Lorsqu'ils furent à cent pas environ, nous leur envoyâmes une décharge; l'un d'eux fut atteint d'une balle au bras; il s'arrêta et dit à ses compagnons de bien se battre, que lui s'en allait mourir chez lui. Ces nègres s'étant convaincus que nos balles n'étaient pas aussi bénignes qu'ils le croyaient, se retirèrent dans la forêt non sans avoir essayé deux ou trois fois inutilement d'en venir aux mains. Après avoir extrait les flèches qui avaient blessé six de nos hommes, en coupant la chair avec un rasoir pour agrandir la plaie, afin d'en tirer les fers dentelés qui auraient pu la déchirer, j'ordonnai la marche. Nos blessés atteints dans des endroits d'aucune conséquence, marchèrent aussi avec les autres. Celui qui avait reçu la flèche dans l'oreille se l'était arrachée lui-même d'un seul trait. Arrivés au milieu du défilé en question, nous doublâmes notre marche, et tous baignés de sueur, nous arrivâmes à deux heures vers un puits, toujours accompagnés des nègres, qui semblaient vouloir encore nous attaquer.

Nous étant tous désaltérés, nous nous remîmes en marche vers les cinq heures, et comme nous allions entrer sur le territoire des Rek, les nègres s'en retournèrent. Ce fut pour nous un grand soulagement. A sept heures et demie nous arrivâmes à l'établissement de Gattaz. Cette journée tout entière d'émotion et de fatigue nous avait tellement accablés, qu'à dix heures aucun de nous n'avait encore songé à souper. Le oukil du lieu m'apporta une poule rôtie, que nous goûtâmes à peine. Ayant organisé avec plus de soin que jamais les gardes de nuit, nous nous endormîmes en cherchant vainement à connaître le motif de notre attaque pendant cette fatale journée.

N'ayant absolument rien à nous reprocher, je dus croire que c'était tout simplement un caprice de la part de ces noirs. Se trouvant sur la route des Djour, où les blancs avaient divers établissements, ils avaient probablement reçu quelques avanies au passage de leurs gens, et ils avaient ainsi quelque vengeance à exercer. Quoi qu'il en soit, ce n'était pas sur nous qu'ils devaient l'exercer; mais assurément ils n'avaient pas bien choisi leur monde, ni le moment. J'ajouterai, par parenthèse, que le plus souvent les querelles qui surviennent entre les négociants et les nègres, sont causées par la faute des premiers. Il arrive cependant parfois que lorsque ces derniers voient les négociants en petit nombre, ils cherchent quelques prétextes pour les attaquer.

Le 27 mars, dès le matin, Khanagui, le oukil de Gattaz, m'amena une dizaine de nègres porteurs que je renvoyai en leur donnant encore une paire de mellang (boucles d'oreilles), ainsi qu'à l'homme et à la femme qui avaient porté leur charge.

Cette fois, montant sur mon baudet, nous nous mîmes en route; ayant marché toute la journée, nous arrivâmes le soir à notre établissement,

sans avoir mangé pendant le trajet autre chose
que de la viande d'éléphant et du bellila. Mon
estomac était faible; mais connaissant le remède,
je fis tuer une demi-douzaine de petits poulets,
qui nous firent, avec une bonne nuit de repos,
beaucoup de bien; et nous oubliâmes nos fatigues
passées.

Nous consacrâmes la journée du 28 mars à
nous reposer; j'envoyai le 29 une compagnie de
chasseurs chez les Elouadj, acheter, tout en
chassant, deux défenses qui étaient, nous avait-
on dit, chez notre ami Modjok; tandis qu'avec
mes autres chasseurs, je battais les environs où
il y avait aussi des éléphants. Nous ne pouvions
pas transporter l'eau avec nous pour tout ce
temps. Jétais convenu avec mon frère que j'a-
bandonnerais l'établissement de Mirakok qui ne
nous produisait plus qu'un modique bénéfice;
d'ailleurs l'époque où nous nous étions donné
rendez-vous approchait. Je commençai à recruter
des nègres porteurs, ayant l'intention de chasser
quelques jours chez les Angach, que nous devions
rencontrer sur notre route et dont je connaissais
déjà le district comme le plus beau territoire de
chasse.

Le 1er avril, ceux qui étaient allés chez les
Élouadj furent de retour et apportèrent les deux
défenses qu'ils avaient achetées pour quelques
bracelets et autres petites verroteries blanches
(niaotet). Ils avaient aussi deux autres petites
dents d'un éléphant femelle. Ceux-ci ont toutes
de minces et longues dents. La plus belle que
nous ayons vue jusqu'à présent, y compris les
deux défenses, ne pesait qu'un demi-quintal
d'ivoire; en moyenne, elles ne donnent que 30
à 35 livres d'ivoire; aussi ne tuons-nous les
femelles qu'à défaut de mâles, dont les dents et
les défenses pèsent quelquefois trois quintaux et
un quintal en moyenne.

J'ai vu (cas extraordinaire) un éléphant ayant
une dent qui pesait 184 livres, et une autre 176.

Le 2 avril, ayant l'intention de partir le lendemain, je fis appeler les principaux du village
pour leur recommander de surveiller sérieusement et de ne pas brûler notre établissement
qui allait rester vide, et duquel nous pouvions
avoir besoin plus tard. Je leur distribuai pour
cela une couffe de verroterie. Je commençai
ensuite à préparer les charges, qui, dès le soir,
furent consignées aux porteurs, qui ne devaient

venir que jusqu'à Fatil, d'où ils pourraient s'en retourner sans danger; et pour y arriver, nous devions prendre de préférence la route des Elouadj à celle des Rek. Nous partîmes donc au lever de la *stella matutina*.

Le 3 avril, nous abandonnâmes notre station de Mirakok à un coq et à une poule pour propager leur race qui n'existait pas dans ces parages. Ayant marché pendant une demi-heure versle nord afin d'éviter une forêt touffue, nous obliquâmes vers l'est. A dix heures et demie, nous sortîmes de la forêt infestée de lions et de rhinocéros, dans laquelle nous errions depuis le matin, pour entrer dans une vaste plaine, au bout de laquelle nous aperçûmes, au milieu de quelques arbres épais, le premier village de la tribu des Elouadj, où nous fîmes halte vers midi chez l'une de nos connaissances, à laquelle Ibrahim, mon oukil, laissait toujours à son passage pour les districts des Rol ou des Nouair, des verroteries et autres objets d'échange, afin qu'en son absence cet ami pût acheter les dents qu'on pourrait lui présenter.

Après nous être bien restaurés chez notre hôte, appelé Modjok, nous nous remîmes en

route pour aller camper à deux heures plus à
l'est. A quatre heures, nous campâmes de nouveau sous des hégliks, couverts d'une espèce de
soie, et à côté d'une hutte de kodjour. Notre
hôte nous ayant accompagné jusque-là, nous
pûmes facilement, par son intermédiaire, nous
procurer un mouton et un peu de lait.

La petite tribu des Elouadj, riche comme ses
voisines en produits de l'agriculture et en bestiaux, en impose aux Nouair, avec lesquels elle
est quelquefois en guerre. Elle n'a jamais attaqué
les Turcs, si ce n'est une seule fois. Dans les
premières années, ils étaient venus impunément
attaquer notre établissement de Fatil, à la barbe
des Rol, qui semblaient vouloir rester neutres.
Mais ayant alors reçu une bonne leçon, ils n'ont
plus attaqué personne : nos gens même purent
toujours voyager en sécurité et sans armes.

Le 4 avril, accompagnés encore de Modjok,
qui était obligé, à cause de l'obscurité de la nuit,
de nous montrer le chemin, nous partîmes une
heure avant le jour. Au lever du soleil, le sentier
assez prononcé que nous suivions fit un détour
d'une bonne demi-heure, vers le nord, et ensuite
autant vers le sud, et sortit enfin de la forêt pour

se prolonger dans une vaste plaine que nous
pensions être couverte d'eau, comme elle l'est
en effet presque chaque année. Mais le dernier
kharif ayant été excessivement faible, il ne restait qu'un peu d'eau de distance en distance que
l'on apercevait au milieu des herbes. Après avoir
marché jusqu'à midi dans la direction de l'est,
nous passâmes au milieu d'un bouquet de doul-
lebs, premier arbre de cette espèce que nous
rencontrions dans ce voyage. Je demandai à
deux nègres qui venaient du district des Rol
s'ils n'avaient point découvert en route quelques
éléphants. Pour toute réponse, ils indiquèrent
avec le doigt la direction et le lieu. Je regardai
et vis en effet au loin, dans la plaine, quelques
masses noires.

J'appelle immédiatement les chasseurs et leur
dis : ialla ! (allons), et nous voilà au milieu des
herbes sur un terrain sec et fendillé, à 25 pas
de quatre femelles dont deux avaient leurs petits.
Je prescrivis alors à quelques chasseurs de viser
l'une pendant que nous ajusterions l'autre. Au
signal donné, nous lâchons la détente; une
femelle et son petit tombent, car une balle ayant
traversé la mère avait aussi atteint son petit,

deux s'enfuirent, mais l'éléphant blessé nous
chargea.

N'ayant que des herbes pour refuge, nous
nous jetâmes de côté et nous couchâmes. L'éléphant arriva bien au milieu de nous, mais il ne
nous vit pas, quoique en passant il eût mis le
pied sur la carabine de l'un de nos chasseurs,
dont il toucha même tant soit peu le bras, et il
s'en alla nous chercher à 50 pas plus loin environ. Sachant que son instinct le ramènerait sur
ses pas jusqu'à l'endroit où il avait été tiré, nous
profitâmes de son éloignement pour fuir à toutes
jambes, faisant le moins de bruit possible. Nous
rechargeâmes vite nos armes sans bourrer avec
la baguette, l'appuyant seulement sur la balle,
puis nous revînmes sur l'animal, cette fois à
une plus grande distance. Nous fîmes feu, mais
il ne tomba pas et il nous chargea de nouveau,
arrivant sur Théodoro qui redoubla de vitesse
et allait néanmoins être atteint lorsque heureusement l'éléphant tomba roide mort, car il
faisait alors ses derniers efforts. Théodoro fut
ainsi sauvé, et cependant il prétendit avoir lutté
de vitesse avec l'animal. Ayant prescrit d'arracher les dents de nos victimes, dents qui pesaient

65 livres les quatre, nous revînmes à notre camp. Quant au chasseur touché par l'éléphant. il avait le bois de sa carabine cassé en cinq morceaux, la baguette tordue, l'intérieur de la platine en morceaux, et enfin un peu de chair de moins au bras gauche. L'os n'ayant pas été touché, il fut, comme tous nos autres blessés, bientôt guéri au bout de huit jours. La grande chaleur fait que les blessures, même les plus graves, sous cette latitude, guérissent comme par enchantement. J'ai vu à Khartoum le docteur Ory faire deux amputations de bras mutilés par la décharge d'un canon. Quinze jours après, tout etait cicatrisé, et les soldats sortirent de l'hôpital.

A trois heures et demie le produit de notre chasse étant arrivé et chacun étant prêt, nous nous remîmes en marche dans la même direction. Après avoir traversé une petite forêt d'une demi-heure, nous passâmes à sec le lit d'un torrent qui ne contenait d'eau que dans les bas-fonds. A cinq heures, nous en passâmes un autre du même genre, et à six heures un troisième un peu plus grand. sur lequel nous fîmes halte à côté de deux grands parcs à bœufs (morah). Les

nègres porteurs et tous mes hommes vinrent
alors me dire qu'ils étaient dégoûtés de la viande
d'éléphant, qu'il fallait acheter un bœuf pour
leur souper. Leurs observation et demande étant
des plus justes, je leur dis d'envoyer (par la
crainte que les nègres s'effrayassent) le drogman
seul chez les gens du morah, qui étaient à 50 pas
de nous. Celui-ci revint un instant après me
dire que les nègres ne voulaient ni bracelets, ni
verroteries ; mais qu'un seul lui avait offert un
gros bœuf pour le tartour (bonnet conique)
recouvert de oueda qu'il portait par caprice sur
sa tête. Ayant promis au drogman, pour remplacer son tartour, un plus beau cadeau, il se
décida à s'en défaire, et une demi-heure après
le bœuf tombait mort d'un coup de carabine que
nous lui avions tiré dans la cervelle pour
démontrer aux nègres la supériorité de nos
armes. Ma caravane, qui étaient nombreuse,
eut en peu d'instants fait disparaître jusqu'à la
peau même de l'animal.

Le 5 avril, dès l'aube du jour, nous nous
remîmes en marche à travers une forêt alternativement épaisse et clairsemée, en suivant la
direction est et sud-est. A dix heures, en entrant

sur le territoire des Rol en attendant qu'une
partie de la caravane restée en arrière arrivât,
je tuai une autruche à la distance de 150 pas.
Un chasseur tua une femelle. Ayant pris leurs
plumes et les retardataires nous ayant rejoints,
nous continuâmes notre marche à travers cette
belle forêt jusqu'à ce que nous tombassions sur
la rivière des Rol. L'ayant traversée à pied sec,
nous fîmes halte à Fatil sur l'autre rive.

Cette station, à laquelle les nègres n'avaient
pas touché, avait été abandonnée l'année précédente à cause de la concurrence peu loyale que
nous faisait un établissement voisin. Les huttes
étant restées en bon état, nous y entrâmes pour
nous mettre à l'abri de la pluie que le temps
couvert nous annonçait. En effet, à deux heures,
une pluie fine tomba et ne cessa qu'à six heures
du soir.

Le 6 avril, de bonne heure, nous eûmes la
visite de plusieurs nègres parmi lesquels était
notre chef aussi nommé Modjok. Celui-ci, riche,
aimé et respecté des indigènes, avait été choisi
par nous jadis à notre première entrevue avec
les Rol pour nous servir d'intermédiaire dans
nos achats. Fidèle et posé, il nous resta toujours

dévoué. Cet homme, beau et fort, haut de six pieds et demi au moins, se trouvant un jour avec deux de ses femmes dans la forêt, fut surpris soudainement par un lion qui se jeta sur eux ; n'ayant d'autre arme que son bâton d'ébène, il s'élança sur l'animal qu'il assomma avec ce casse-tête. Il porte encore aujourd'hui sur les bras, au côté et sur une cuisse les marques de cette héroïque entrevue. Ce nègre me prévint qu'il y avait cinq dents à vendre dans les morah voisins, que ces dents avaient été soustraites exprès pour nous aux yeux avides des gens de l'établissement du Sud qui venaient chaque mois faire une excursion jusque-là et même chez les Elouadj.

Je résolus d'attendre ces défenses, et je passai deux ou trois jours dans cet endroit, où nous n'aurions pu trouver des éléphants, car ils se tiennent plus loin, parce que les habitants du village les chassent quand ils les voient arriver.

Je dis alors à Modjok d'aller ou d'envoyer chercher ces dents le plus tôt possible. Deux jours après, plusieurs nègres vinrent avec cinq défenses, dont trois grosses et deux petites.

Voyant que nous les avions bien payées, ils nous dirent que si nous voulions attendre, ils en avaient encore trois grosses cachées sous terre chez les Elouadj. Les ayant en effet achetées, le 12 avril, nous partîmes, et après deux heures de marche vers le sud, nous fîmes halte sous un grand arrouel, à deux cents pas de la rivière où nous devions faire de l'eau pour entrer dans l'ayaba,laquelle devait nous suffire jusqu'au pays des Angach.

A midi, tout étant fini, nous prîmes congé de Modjok, qui nous avait accompagnés, et nous nous remîmes en marche vers le sud-est, laissant la rivière derrière nous, au milieu d'une immense forêt, sur un sentier battu par les troupeaux des nègres. Après six heures et demie de marche forcée, nous nous arrêtâmes au morah Aly-Oumouri où celui-ci avait eu jadis cinq hommes tués; c'est de là que vient le nom qu'on donne à ce morah qui n'est habité que pendant le kharif; c'est le dernier parc à bœufs des Rol vers l'est. Après nous y être reposés dix minutes, nous continuâmes notre marche dans l'obscurité, suivant notre guide, nommé Match (feu), que nous avions pris à Fatil, et que nous

connaissions d'ancienne date, au milieu d'un
terrain crevassé et couvert de hautes herbes,
dans la direction du nord-est. Ayant trouvé à
onze heures un endroit net qui était un étang
desséché, nous fîmes halte. Notre guide Match
ne pouvant aller plus loin à cause des Angach
qui l'auraient égorgé à son retour, je lui remplis
d'eau sa gourde qu'il avait déjà mise à sec et le
renvoyai immédiatement en lui donnant deux
bracelets.

Le 13 avril, nous reprîmes notre marche
avant le jour du côté du sud-est. Mon oukil
Ibrahim, ayant fait plusieurs fois ce voyage,
nous servit de guide. Le terrain, fendu et troué
par les traces de toutes sortes d'animaux pendant la saison des pluies, et les hautes herbes
nous empêchaient de marcher vite. Depuis la
veille, toute trace de sentier avait disparu. A
neuf heures nous vîmes, comme auparavant,
plusieurs rhinocéros, des girafes et des autru-
ches. Ibrahim tua un buffle sans sortir même de
notre direction. A dix heures et demie, nous
aperçûmes les arbres à côté desquels se trouvaient les puits des Angach et des Ronchol.
Ayant vu près de ces puits un éléphant, je dis

à la caravane de marcher plus doucement, tandis que trois chasseurs et moi, qui nous trouvions déjà en avant, nous allongeâmes le pas, quoique très fatigués. Cet animal, qui chassait les mouches avec ses oreilles, faisait son meguil. Nous lui envoyâmes notre décharge à notre portée habituelle. Il s'enfuit et vint s'arrêter à dix minutes plus loin. Nous le rejoignîmes et nous fîmes sur lui une autre décharge. Il chancela un instant et tomba, puis lui ayant coupé la queue comme d'habitude, nous nous reposâmes à ses côtés, car nous étions essoufflés et accablés de fatigue. Un chasseur, dont la carabine avait raté pour la seconde fois, ayant renouvelé l'amorce, eut l'idée de tirer sur l'animal qui était étendu à nos côtés, la balle lui traversa le cou, et deux minutes après, comme nous nous disposions à aller rejoindre la caravane qui avait dû nous attendre vers le puits, notre éléphant se releva tout à coup, déracina un arbre qu'il jeta sur nous et partit comme un éclair.

Effrayés autant que surpris, nous ne pûmes d'abord le suivre; mais, revenus de notre stupéfaction, nous essayâmes en vain de le rejoindre. il avait complètement disparu. Les jambes rom-

pues encore davantage par cette dernière course,
nous revînmes sur nos pas à midi seulement et
nous rejoignîmes notre caravane qui était campée
sous les arbres, faisant cuire la viande du buffle ;
la bellila cuisait d'un autre côté. Nous avions
mis deux heures pour rapporter la queue d'un
éléphant que nous croyions à nous. Cet animal,
étendu à terre, suffoqué par le sang qui se
répandait à l'intérieur, ne se serait assurément
jamais relevé, si la balle tirée par notre chasseur n'eût fait un trou au cou qui lui produisit
l'effet d'une saignée salutaire.

Le pays était complètement désert, car les
Angach, battus chaque année par les Nouair,
avaient dû émigrer sur la rive droite. La grande
quantité d'excréments que nous trouvâmes dans
le voisinage des puits me fit croire que nous
ferions bonne chasse. Aussi je résolus d'y passer
trois ou quatre jours.

Comme nous n'avions pas de guide pour
chasser au loin dans la forêt, nous nous réser-
vâmes de chasser la nuit à l'affût près des puits.
Ces puits sont très larges à leur orifice et se
rétrécissent insensiblement jusqu'à l'eau, de
manière que l'animal, ainsi que l'homme,

n'ont qu'à descendre une pente pour arriver à l'eau. Ces réservoirs, où s'abreuvaient encore l'année précédente les bœufs de plusieurs morah dont il reste encore quelques débris, assèchent quelquefois en été ; alors les éléphants, n'ayant pas d'autre eau, sauf plus au loin, et n'ayant plus les indigènes qui la découvraient pour eux, sont obligés de creuser avec leurs défenses et d'enlever avec leurs trompes la terre jusqu'à ce qu'il sorte assez d'eau, et comme il ne s'en trouve pas d'autre, si ce n'est à quinze lieues de circonférence, tous les animaux sont forcés de venir boire en cet endroit. Aussi je crois pouvoir dire avec certitude que le pays des Angach est le plus beau pays de chasse, non seulement de tout le fleuve Blanc, mais encore du monde entier. On pourra voir d'ailleurs si j'ai raison.

A trois heures, tout le monde s'étant reposé, j'ordonnai aux chasseurs de laver leurs carabines. En ayant fait autant, je m'assis sur mon tapis, et là, fumant ma pipe, j'examinai les gazelles et les antilopes qui, étant pressées par la grande chaleur de la journée, commençaient à s'avancer vers l'eau. N'ayant pas alors besoin

de viande, je les laissai rôder autour de nous
sans les inquiéter.

A quatre heures et demie, je vis sortir de
divers points de la forêt plusieurs troupeaux de
sangliers. Friand de cette viande, je m'approchai, armé de mon fusil à deux coups, derrière
un buisson. Y étant arrivé, je me levai sans rien
apercevoir; je pensai que, se doutant de mon
approche, les sangliers avaient disparu dans la
forêt. J'allais me retirer lorsque j'en vis un qui
était resté en arrière. Ne voulant pas me donner
la peine d'aller plus loin, je l'ajustai et le tirai à
deux cents pas environ. Il s'enfuit, et bientôt je
l'eus perdu de vue derrière un buisson. Je m'en
retournai. Mes hommes, qui m'avaient vu tirer,
me dirent : « Il est tombé. » Alors ils se transportèrent vers l'endroit où cet animal avait disparu
et le trouvèrent mort, atteint juste au cœur, puis
le traînèrent par les pattes jusqu'à notre camp.
Nos nègres porteurs en furent si contents qu'ils
laissèrent leur part de viande de buffle pour la
chair du sanglier. Tous nos hommes, à l'exception
de deux, se gardèrent bien, comme musulmans,
d'y toucher; mais à leur place, Théodoro, son
frère et moi, nous en fîmes un excellent souper.

A cinq heures arrivèrent quatre troupeaux composés chacun de quinze à vingt girafes qui, nous ayant vus, firent comme les antilopes et les sangliers. Au soleil couchant, il vint aussi de trois côtés différents une cinquantaine de buffles qui s'en retournèrent sans boire.

La nuit étant commencée et chacun ayant soupé, je fis éteindre les feux en recommandant le plus grand silence, et, seul avec les chasseurs, je me portai sur les deux puits qui n'étaient qu'à une centaine de pas de notre camp, et à dix pas l'un de l'autre. A cinq pas mesurés des puits, vers le nord, je plaçai Théodoro, Carlino et trois autres chasseurs derrière un héglik, et moi, avec cinq autres chasseurs, je restai derrière le bord de l'autre puits, un peu plus élevé, et dans un profond silence, nous attendîmes l'arrivée des éléphants.

Nous étions installés depuis près d'une demi-heure, lorsque nous vîmes au clair de lune plusieurs masses noires s'avancer lentement; c'étaient des rhinocéros que nous avions pris au premier abord pour les animaux que nous attendions. Arrivés près de nous, au bord du côté opposé du puits où nous étions embusqués, et

aveuglés par la soif, ils allaient descendre la
pente de cinq à six pas, lorsque effrayés par les
hennissements de ma mule, attachée au camp,
ils rebroussèrent chemin à pas lents, comme ils
étaient venus, et sans s'en douter ils se dirigèrent juste vers notre camp. La mule se remit à
hennir de plus belle et cassa son licol. On la rat-
tacha immédiatement. Ce bruit pouvait avertir
les éléphants qui étaient peut-être proches ; je
vins seul au camp, et je chassai à coup de mottes
de terre les rhinocéros, qui, quoique tout étonnés, ne se pressaient cependant pas de fuir. Je
fis attacher la bouche de ma mule, je revins à
mon poste, fâché d'avoir placé mon camp aussi
près des puits.

A neuf heures, une odeur de bouc nous aver-
tit de l'approche de quelques lions ; en effet, dix
minutes après nous en vîmes arriver cinq magnifiques, marchant vers nous à dix pas les uns
des autres. Ayant atteint le bord du puits où
j'étais placé, ils nous virent et s'arrêtèrent cinq
minutes. Ne voulant pas les tirer de crainte
d'épouvanter les éléphants qui pouvaient être
dans le voisinage, les chasseurs firent un peu de
bruit en leur lançant quelques mottes de terre

jusqu'à ce qu'ils s'éloignassent. Ils se retirèrent à deux cents pas plus loin dans un bouquet de hautes herbes, en attendant notre départ des puits pour y venir boire. Ces hôtes dangereux ayant disparu, le silence se rétablit tellement, qu'à dix heures, nous trouvant accablés de la fatigue du jour, nous étions tous baissés sur nos carabines dans un état qui n'était ni le sommeil, ni l'éveil. Me sentant doucement toucher le bras, je levai la tête, et vis à cinq pas de l'autre puits, sous le même arbre, et derrière le tronc où étaient placés Théodoro et les siens, sept beaux éléphants dont le premier atteignait déjà le puits et s'apprêtait à y descendre, regardant les chasseurs que le tronc d'arbre ne pouvait cacher.

Je m'attendais à chaque instant à voir tirer Théodoro et les siens puisqu'ils n'avaient plus rien à attendre. Voyant après cinq minutes d'angoisses qu'ils ne tiraient pas, je pensai ou qu'ils avaient peur, ou qu'ils dormaient; pour m'en assurer, j'imitai trois fois par un claquement de langue le cri de l'outarde, oiseau si commun que l'éléphant n'y fait pas attention. Théodoro me répondit, et j'entendis en même temps le bruit de l'armement de leurs carabines; en les voyant élever leurs armes au niveau de l'épaule, tout doute cessait, ils allaient tirer ; mais il n'en fut rien. Impatient et furieux, je dis aussitôt aux miens de mettre en joue, quoique nous fussions plus éloignés que les autres chasseurs.

La lune descendant devant nous, derrière les éléphants, nous vîmes parfaitement le point où il fallait tirer. Ayant indiqué du doigt à deux chasseurs la victime vouée à nos coups, j'ajustai avec les deux autres les jambes de devant, en laissant deux carabines de réserve. Ces jambes paraissaient comme des colonnes à travers les rayons de la lune. A mon troisième claquement de langue l'explosion eut lieu, et immédiatement après se fit aussi celle de Théodoro et de ses compagnons. A travers les nuages de fumée qui nous empêchaient de voir, nous entendîmes un tapage infernal, N'étant pas trop rassurés, d'autant plus que nous ne pouvions rien distinguer, nous rétrogradâmes d'une vingtaine de pas, et là seulement nous pûmes voir que trois éléphants étaient tombés et se débattaient en poussant des lamentations aiguës et sinistres. Nous finîmes par en achever deux. Le troisième plus fort se releva, et clopin-clopant se retira dans la forêt,

16

du côté où les lions avaient disparu. Néanmoins, pour qu'ils ne nous surprissent pas dans la poursuite que nous faisions de l'éléphant, nous rechargeâmes nos armes en marchant, serrés les uns à côté des autres.

Arrivés à un bouquet de hautes herbes qui avait une circonférence d'une cinquantaine de pas, nous fîmes pour l'éviter un détour à droite, à travers quelques buissons, et nous allâmes attendre notre éléphant à cent pas derrière le bouquet, au milieu d'une petite place où l'animal devait forcément passer. En effet il y arriva, boitant d'une jambe de derrière, la tête et la trompe baissées, et passa entre nous et le bouquet de grandes herbes qui cachaient les lions. A la distance d'environ vingt-cinq pas, nous l'ajustâmes, les uns aux jambes, les autres à la tête et nous fîmes feu. Aussitôt il marcha sur nous. Trop rapprochés pour fuir et ayant encore trois coups chargés, nous nous cachâmes de notre mieux dans un buisson voisin, nous réservant, à la dernière extrémité, de faire feu. Notre animal, étourdi par son agonie, passa à deux pas de nous sans nous voir, mais arrivé à cinquante pas plus loin, il rebroussa chemin et

vint se poster dans le bouquet des hautes herbes
où étaient les lions, en faisant un tapage affreux.
Ne pouvant rien apercevoir, j'entendis bientôt un
rugissement foudroyant, je compris qu'il était
aux prises avec les lions. Cinq minutes après
un vacarme vraiment infernal, il se fit un profond silence. J'aperçus alors les lions qui sortaient de leur repaire, pour aller s'enfoncer dans
un endroit touffu de la forêt.

Supposant que notre éléphant était tombé,
nous nous avançâmes, les carabines armées, de
crainte de trouver quelques autres lions dans
ces herbes. Mais nous le trouvâmes mort sans
autres blessures que celles de nos balles, et à
côté de lui gisait un lion aplati et tout à fait
méconnaissable.

Ce fait me prouva, ce que je savais déjà,
que le lion n'approche jamais l'éléphant, qu'il
respecte, à ce que je crois, plus qu'il n'est
respecté lui-même des autres animaux. Au
contraire, l'éléphant le chasse toujours lorsqu'il
se trouve sur son passage. J'ai vu une autre
fois un autre fait de ce genre, un lion chassé par
un éléphant; mais celui-ci moins agile ne put
l'attraper.

Après avoir coupé la queue de l'éléphant, nous laissâmes les deux squelettes ensemble, et revînmes nous poster de nouveau près des puits, dans l'espérance de voir arriver d'autres éléphants. Nous espérions y retrouver au moins les quatre qui s'étaient enfuis lors de notre première décharge, car ils ne devaient pas être très loin.

Vers minuit, toujours silencieux et à notre poste, nous entendîmes un mélange de rugissements, de hurlements et d'autres cris inexprimables qui partaient du côté du lion et de l'éléphant morts. C'étaient les lions qui s'étaient enfuis et qui étaient revenus pour les dévorer, ne laissant approcher ni hyènes, ni chacals, qui rôdaient autour d'eux, voulant aussi avoir leur part de festin.

Les Arabes prétendent que trois hyènes, dans une plaine, attaquent et tuent le lion; toutes les trois l'attaquent ensemble chacune d'un côté. Pour cela, il faut que le lion ne trouve ni arbre, ni aucun appui, parce qu'alors il est inattaquable.

Quant à moi, je n'ai jamais tué qu'un lion, l'occasion ne s'en étant jamais présentée que lorsqu'il s'agissait de trouver ou de tirer des éléphants. Je ne pouvais pas prudemment tirer les uns pour faire échapper les autres. Mais comme j'en ai beaucoup vu de très près, je crois pouvoir dire que le lion, le plus souvent, fuit à l'approche de l'homme, à moins cependant qu'il ne soit dangereusement blessé et pressé de trop près.

Tous les animaux, d'ailleurs, même l'antilope, reviennent sur le chasseur quand ils se trouvent trop près de lui pour s'échapper.

Il me semble avoir lu que le lion ne mangeait que la proie qu'il tuait. C'est encore là une erreur. Plusieurs fois j'ai vu des lions arriver sur des éléphants, sur des buffles, et sur des girafes que nous venions de tuer.

Une heure plus tard, nous vîmes arriver les éléphants; mais ils sentirent notre odeur, ou même celle de leurs compagnons que nous venions de tuer, et ils ne s'approchèrent plus. Nous essayâmes vainement de les atteindre en marchant le corps baissé.

Après eux vinrent les rhinocéros qui, cette fois, voulaient absolument boire; car ils ne firent que rôder à dix à quinze pas de nous.

Il nous fallait pour cette fois renoncer à tuer

16.

d'autres éléphants, ils étaient sur leurs gardes ;
aussi, à trois heures du matin, épuisés de fatigue,
nous rentrâmes tous dans notre camp pour
nous y reposer.

Le 14 avril, lorsque j'ouvris les yeux, mon
premier regard se porta sur les puits qui n'étaient
qu'à une petite distance et près desquels j'aperçus deux ou trois cents gros singes (guerds) qui,
après avoir bu sans que personne les eût in-
quiétés, s'en retournèrent en gambadant et nous
faisant des grimaces.

Ayant ordonné à quelques-uns de mes gens
d'arracher les défenses des éléphants tués pendant la nuit, j'allai avec d'autres du côté où
l'éléphant tiré le jour auparavant s'était enfui,
afin de voir si nous ne le retrouverions pas
mort. Ayant vainement fouillé la forêt jusqu'à
dix heures, nous revînmes au camp. Là on nous
dit qu'il y avait, à l'ouest des puits, un troupeau
qui semblait nous attendre. Nous nous rendîmes
immédiatement vers le lieu indiqué, et nous
nous trouvâmes de nouveau au milieu d'une
grande troupe d'éléphants femelles. Sachant
que celles-ci supportent moins les balles que les
mâles, deux chasseurs seulement tirèrent sur

chacune. Deux tombent mortes, et les autres
s'enfuirent en poussant devant elles le petit
d'une femelle que nous venions d'abattre. Le
troupeau ne contenant aucun mâle, nous revînmes à notre camp, d'où j'envoyai trois hommes
pour prendre les défenses qui pouvaient peser
15 livres chacune.

A trois heures de l'après-midi, nous vîmes
paraître vers le nord, dans le lointain, quatre
autres éléphants. Ce nombre nous fit supposer
que ce devaient être les quatre qui s'étaient
enfuis pendant la nuit, et peut-être s'en trou-
vait-il quelqu'un de blessé.

Sans attendre qu'ils vinssent à nous, nous
nous dirigeâmes vers eux. Ils étaient occupés à
manger la lêbé, fruit d'un arbre, appelé en arabe
héglig, qu'ils aiment beaucoup. Comme ils étaient
distraits et que nous étions six chasseurs, nous
les approchâmes facilement sans être vus. Nous
convînmes d'avance, Théodoro, son frère et
moi, de tirer au front ainsi que nous en avions
l'expérience, tandis que les trois autres chasseurs devaient tirer sur un autre, à l'épaule,
comme d'habitude.

Je comptai jusqu'à trois, et nous fîmes feu.

La fumée ne nous empêcha pas de voir que
l'éléphant tiré au front était tombé, qu'à cent
pas plus loin il s'en trouvait un seul, et que les
deux autres, n'ayant pas été blessés, avaient
disparu. Je prescrivis à Carlino d'aller avec deux
chasseurs à la poursuite de l'éléphant blessé qui
ne devait pas tarder à tomber, tandis que,
accompagné de Théodoro et d'un chasseur, je
vins pour donner le coup de grâce à celui qui
gisait à terre ; nous désirions bien nous assurer
s'il était mort et visiter à notre aise son front.
Mais à peine eûmes-nous touché les plaies
qu'avaient fait les balles, que l'éléphant, qui
n'avait été qu'étourdi, se releva précipitamment
en poussant des cris à fendre les oreilles, et
enveloppa avec sa trompe Dérax, le premier
chasseur qui était avec nous. A l'instant, Théodoro et moi, qui étions restés en arrière de cinq
pas, nous lui envoyâmes deux balles dans le
cœur ; l'animal tomba sur le coup en lançant
Dérax à dix pas de lui. Sans plus nous inquiéter
de cet animal, nous volons au secours de notre
compagnon qui semblait mort. Nous le prenons
l'un par la tête, l'autre par les pieds, et le por-
tons à cinquante pas plus loin, de crainte que

l'éléphant ne se relevât encore une seconde fois.
Il reçut tous les soins qui étaient en notre pouvoir. Une heure après, il était sur ses jambes
plein de vie, ne ressentant des douleurs qu'aux
bras et aux côtés ; quant à l'éléphant, cette fois,
il était bien mort.

Carlino et ses deux compagnons qui nous
avaient rejoints après avoir abattu, par une
seconde décharge, l'éléphant qu'ils avaient
blessé et poursuivi, vinrent avec nous visiter le
nôtre. Les trois premières balles avaient frappé
sur le front les unes à côté des autres, et occasionné par ricochet des marques bien pronon-
cées, deux sur le côté et une au-dessus.

N'ayant plus rien à faire en ce lieu, nous
revînmes à notre camp, et, après avoir bien
dîné avec du bouillon d'éléphant et des francolins rôtis sur le gril, assaisonnés de la graisse
d'éléphant, nous nous endormîmes pêle-mêle à
terre, laissant deux gardes près des puits afin
de nous avertir pendant la nuit de la venue des
autres éléphants.

Le 15 avril, les éléphants, qui avaient senti
plusieurs de leurs compagnons, ne vinrent pas
pendant cette nuit-là, mais d'autres animaux

rôdèrent autour de nous comme la nuit précédente. Ce fut une procession continuelle de
buffles, de girafes, de rhinocéros, de lions, de
panthères, guépards, léopards, antilopes, hyènes.
chacals, etc., etc.

A midi, après avoir réuni les défenses de tous
les éléphants que nous avions tués, je pris trois
chasseurs, au nombre desquels était Théodoro,
et je me dirigeai dans la forêt vers un point où
j'avais entendu un bruit ressemblant à celui de
l'éléphant.

En effet, trois quarts d'heure après, en sortant d'un taillis épais, nous vîmes soudain un
bel animal couché au pied d'un grand arrouel,
et un autre plus beau encore à cinquante pas
plus loin, appuyant pour se soulager de leur
poids ses longues défenses sur un arbre qui
semblait avoir été fait exprès. Le premier était
si proche de nous et dans une position si favo-
rable, que nous résolûmes de le tirer quoique
l'autre fût plus gros. Nous comptâmes un, deux,
trois, et nous tirâmes; nos trois coups partent
à la fois et renversent à terre l'éléphant, qui
expire bientôt après avoir fait de vains efforts
pour se relever. Nous rechargeons aussitôt nos

armes, puis une heure après nous fûmes à portée
de tirer sur l'autre gros éléphant, qui s'était
retiré au trot, au bruit de la décharge que nous
avions faite sur le premier. Il était si gros, si
majestueux, qu'il nous fit éprouver une sensa-
tion plus forte qu'à l'ordinaire. Ce monstrueux
animal ayant essuyé notre décharge, leva sa
trompe, la tourna en tous sens, et, paraissant
nous avoir sentis, s'élança à la course de notre
côté. Mais, n'ayant pu nous découvrir là où
nous nous étions retirés, quoiqu'il nous eût
cherchés pendant cinq minutes, il revint au
même endroit où nous l'avions tiré, en faisant
un tapage effroyable, et en déracinant trois
arbres plus gros qu'un homme.

Pendant ce temps, nous revenions vers lui,
avec de grandes précautions, à la distance
nécessaire, et nous fîmes feu de nouveau. Cette
fois l'éléphant nous parut chanceler, mais il
s'élança bientôt sur nous sans que nous eussions
même eu le temps de penser à l'éviter ; il saisit
avec sa trompe le chasseur qu'il trouva le plus
près de lui, le jeta à terre, le broya avec ses
pieds, puis le lança contre un arbre. Là ne
s'arrêta pas sa fureur, il reprit le cadavre qui

n'offrait déjà plus que des lambeaux de chair.
et il le déposa au pied d'un grand arbre qu'il
avait arraché et avec lequel il le recouvrit.
comme c'est l'habitude de ces animaux.

Pendant ce fatal événement, nous avions ré-
trogradé et rechargé nos armes ; mais le bruit
que firent nos baguettes ramena cet éléphant,
qui, non content d'une victime, en voulait
encore d'autres. De notre côté, tristes et furieux
du malheur qui venait d'arriver, nous résolûmes
de ne pas rentrer au camp sans avoir sa queue.
Dans cette circonstance, il fallait agir avec plus
de témérité que de prudence, car celle-ci nous
commandait de l'abandonner, parce qu'il arrive
toujours quelques malheurs quand ces animaux
sont furieux. Le voyant venir à nous sans espoir
de merci, nous n'eûmes pas le temps de nous
soustraire à sa vue, ni d'aller nous cacher derrière les buissons qui étaient à trois cents pas
de là. Nous nous agenouillâmes donc tous
quatre, tournés contre l'animal, nos armes en
joue et donnant notre âme à Dieu, et quand il
fut à portée, nous lui lâchâmes en pleine poi-
trine la bordée de nos balles qui l'arrêtèrent
bien pour deux secondes environ, puis nous

laissâmes nos armes à terre pour fuir plus les-
tement chacun de notre côté. Alors l'éléphant
saisit avec sa trompe une carabine qui se trouvait sous ses pieds, continua sa course en se
dirigeant cette fois vers moi, et, à la distance
de quinze pas, il me lança cette arme. Inutile de
dire qu'il avait mal visé, puisque la carabine
vint tomber à quinze pas en avant. Je me faufi-
lai dans quelques touffes de hautes graminées
et j'arrivai bientôt au milieu des buissons, de
sorte qu'il me perdit de vue et d'odorat, et
s'en fut alors à la recherche d'un autre chasseur.

Cependant Théodoro et ses compagnons
avaient repris et chargé leurs armes; je me joi-
gnis à eux après en avoir fait autant, puis nous
nous remîmes à la poursuite de l'animal qui
venait d'abattre plusieurs arbres, et lui envoyâmes une autre bordée de balles qui le couchè-
rent cette fois pour tout de bon. Nous reconnû-
mes que nos balles avaient frappé au poumon,
au cœur, aux épaules et derrière les oreilles;
en un mot, son corps en était criblé. Ayant eu
raison de ce terrible éléphant, nous avions à
déplorer la perte de notre chasseur, que nous

emportâmes sur un brancard à notre camp, où
nous arrivâmes une heure environ après. Nous
fîmes creuser une tombe, le plus profondément
possible sous les arbres mêmes qui nous om-
brageaient, pour que les bêtes carnassières ne
pussent pas déterrer et dévorer son cadavre, et
l'y ensevelîmes en priant Dieu pour le repos de
son âme. Sur le large tronc d'arbre qui était
à côté, je gravai profondément avec mon cou-
teau le nom, la date et le genre de mort du
trépassé.

Le reste de la journée fut triste et silencieux.
A sept heures et demie, nous allâmes de nouveau nous placer près des puits. Là, nous attendîmes jusqu'à onze heures les éléphants; mais
présumant qu'ils ne viendraient pas, nous
tuâmes deux rhinocéros pour avoir leurs cornes.
qui, quoique bonnes, ne sont d'aucun profit
pour le chasseur. Ceux-ci faillirent aussi tuer
Théodoro; mais il est hors de doute que Dieu
protège la vie des chasseurs, il ne peut en être
autrement, on ne saurait sans cela s'expliquer
comment ils échappent à tant de dangers. Après
cette journée, qui avait été aussi rude que fatale.
nous nous couchâmes à terre, et nous ne tardâmes

pas à nous endormir profondément; mais j'avouerai que mon sommeil fut agité.

Le 16 avril, la grande quantité de squelettes qui jonchaient les environs ayant dû chasser les éléphants, ce lieu ne nous laissant d'ailleurs que de tristes souvenirs, je résolus de partir. Au lever du soleil (six heures), ayant disposé de notre mieux nos charges qui avaient augmenté, nous partîmes pour le sud-est, et après avoir marché jusqu'à dix heures à travers une magnifique forêt pleine de panthères et de milliers de gros singes (guerds), nous fîmes halte sous un grand sycomore. A midi, nous vîmes trois nègres des Rol du Sud, qui, eux aussi, cherchaient les éléphants, qu'ils tuent du haut de gigantesques arbres, en laissant tomber sur le dos de l'animal une lourde et grande lance à manche excessivement court (50 centimètres), ayant un poids au bout.

A deux heures, après avoir rempli le peu d'outres que nous avions, nous continuâmes notre marche dans la même direction pendant deux heures, puis nous tournâmes vers le nord-est pour entrer dans l'Agaba (petit désert), qui sépare la tribu d'Angach d'avec celle de Faouer.

C'est une immense plaine couverte de hautes
herbes, du milieu de laquelle on aperçoit de
distance en distance quelques hégligs isolés.
Notre marche fut lente et très pénible, parce
qu'il n'y avait aucun sentier de frayé, et que
nous étions obligés de briser les fortes tiges
d'herbes avec nos pieds, ce qui nous causa des
douleurs cuisantes. Arrivés enfin à sept heures
sur un emplacement qui jadis avait servi de
parc à bœufs aux nègres Faouer, nous fîmes
halte.

Comme nous avions peu d'eau, nous soupâ-
mes légèrement, et nous nous endormîmes au
cri de nos sentinelles qui répétaient le mot
d'ordre.

Le 17 avril, la journée fut encore bien triste
et bien accablante, nous nous mîmes en route
à quatre heures et demie vers l'est, à travers un
terrain fendu, plein de trous faits par le piétine-
ment des éléphants venus à l'époque des pluies:
ces trous étaient couverts de broussailles, ils
nous rendirent la marche pénible et difficile. A
neuf heures, nous arrivâmes au premier village
des Faouer, que nous pensions être habité, et
où nousavions extrêmement besoin de trouver

de l'eau. Mais nous fûmes frustrés dans notre espoir, nous ne trouvâmes ni eau ni indigènes. L'étang, que nous savions être à côté du village, était complètement à sec. Ce fut, je crois, à cause de cela que nous ne trouvâmes point d'indigènes. Espérant les rencontrer sur le Kyr, nom que l'on donne ici au fleuve Blanc, nous nous remîmes en marche, tous pressés par la soif, car depuis la nuit nous manquions d'eau. Nous forçâmes donc le pas.

A midi, comme j'étais en avant de la caravane avec deux chasseurs, j'aperçus le premier à travers une immense plaine d'herbes verdoyantes, vers l'est, une voile qui remontait le fleuve. Je fus si content, croyant que c'était celle de mon frère, que je fis arrêter la caravane en ordonnant une fusillade en signe de joie ; puis nous continuâmes notre route. Remonté sur mon âne que je traînais plus qu'il ne me portait, je devançai bientôt la caravane.

A une heure et demie, du milieu de cette plaine, qui semblait n'avoir point de fin, je vis que la voile avait de beaucoup dépassé le Mouchrat (port), ce qui me désappointa beaucoup, car j'en conclus que ce ne devait pas être mon frère. Déconcerté et brûlé par le soleil qui augmentait ma fatigue et ma soif, je redoublai d'efforts et j'arrivai à un *khor* ou ruisseau, qui était à cinq cents pas du Kyr, après avoir éprouvé à la distance de cinquante pas un si violent mal d'estomac que je crus y rester. Au même moment j'aperçus trois ou quatre cents nègres, qui sortirent des hautes herbes. Je crus d'abord que c'étaient les Faouer, et j'en étais content, mais je fus bientôt désabusé par leur attitude hostile, car ils se dirigèrent de notre côté en se tenant entre le fleuve et nous afin de nous empêcher de boire. Bientôt nous fûmes malheureusement trop convaincus que c'étaient des Nouair; sans attendre plus longtemps, quoique dévorés par la soif, nous mettons en joue les nègres tout en nous avançant vers le khor. A notre approche désespérée, ils le franchirent et allèrent s'arrêter à cent pas plus loin.

Arrivés au bord de l'eau, nous étanchâmes légèrement notre soif par prudence hygiénique. j'envoyai ensuite deux bouks (courges), pleines d'eau, à la caravane, par l'un des deux hommes qui m'accompagnaient. Elle était de quinze à vingt minutes en arrière, mais en ce moment j'aperçus un autre groupe de cinq cents nègres entre nous et la caravane; le porteur n'ayant pu s'acquitter de sa commission, arma son fusil et suivit notre exemple.

Cependant la première troupe de nègres, qui était au delà du khor, voyant que la caravane allait être attaquée par l'autre troupe qui se trouvait derrière nous, repassa le ruisseau et vint sur nous en brandissant ses lances; au même instant j'entendis une fusillade du côté de la caravane. Sans trop m'occuper d'elle, puisque je ne savais comment j'en finirais moi-même avec mes deux hommes, nous ajustâmes les trois premiers nègres qui sortaient du khor. Ils tombèrent morts; à cette vue les autres hésitent un instant. Profitant de ce moment, nous leur envoyâmes trois autres balles qui ne purent manquer de frapper juste. Sans nous préoccuper du résultat de cette seconde décharge, nous prîmes notre course du côté de la caravane tout en rechargeant nos armes.

Mais les nègres avaient de plus longues jambes que nous, ils nous eurent bientôt rattrapés; comme ils n'étaient plus qu'à dix pas, nous fîmes volte-face en les mettant en joue avec nos fusils à moitié chargés. Ce mouvement les arrêta, et, profitant de leur hésitation, nous tentâmes d'achever de charger nos armes tout en marchant à reculons. Deux fois ils essayèrent de nous approcher, et deux fois nous les arrêtâmes par la même manœuvre, ce qui ne les empêcha pas de nous envoyer des lances que nous fûmes assez heureux pour éviter, si ce n'est une qui effleura la jambe de l'un de mes deux hommes, et une autre qui atteignit l'orifice du canon de l'un de nos fusils.

Pendant ce combat qui ne dura que huit minutes, et qui cependant nous parut bien long, ma caravane s'avançait en repoussant l'autre troupe de nègres qui lui avaient barré le passage.

Voyant, alors, leur attaque repoussée et infructueuse, ils se dirigèrent vers moi, qui étais déjà aux prises avec la première bande. Mais je fus dégagé par l'arrivée de douze de mes chasseurs, qui avaient aperçu le danger imminent que je courais avec mes deux hommes. Les nègres comprirent qu'il était plus prudent de se retirer. En effet, ils eurent bientôt disparu au milieu des herbes, et la caravane arriva enfin épuisée sur les bords du ruisseau.

Quand tous eurent étanché leur soif, nous traversâmes le ruisseau pour aller, dix minutes après, nous établir sur la rive du Kyr, au Mouchrat, dit Maïa : seulement alors nous nous aperçûmes qu'il nous manquait deux nègres porteurs. Informations prises, on me dit qu'on les avait vus encore non loin de là en arrière. J'envoyai immédiatement à leur recherche dix hommes, et trois quarts d'heure après, ils revinrent me dire qu'ils les avaient trouvés morts percés de coups de lance, et que leurs charges avaient été enlevées et prises. Je compris que ces deux pauvres nègres, qui se trouvaient en arrière lors de l'attaque, avaient été égorgés sans pitié par les noirs.

Comme je tenais à avoir, n'importe à quel prix, des nouvelles de mon frère, je divisai ma caravane en deux troupes, et j'envoyai l'une vers la barque qui cheminait à trois heures en amont du point où nous étions, par une brise du nord.

A sept heures du soir ils furent de retour, harassés de fatigue, et me dirent que cette barque était un équipage de M. de Malzac, qui venait de Khartoum, et qu'elle avait laissé mon

frère Ambroise avec sa dahabiéh au Mouchrat
des Nouair-Elliab, occupé à chasser, et qu'il
ne se trouverait à Faouer que dans la quinzaine.
Cette nouvelle me contraria beaucoup, d'autant
plus que nous étions dépourvus de toutes sortes
de provisions. C'était une fâcheuse position,
pour moi surtout, sur qui reposait toute la res-
ponsabilité, car la vie de quatre-vingts personnes
qui m'accompagnaient, nègres porteurs compris,
était en jeu. N'ayant rien de mieux à faire,
j'organisai douze sentinelles à l'entour de notre
camp, et accablés de fatigue nous nous endormîmes sans avoir pris d'autre cordial que de
l'eau.

Vers minuit, je fus réveillé par un grand coup
de tonnerre et un vent violent; le ciel était
couvert d'épais nuages qui nous dérobaient la
clarté de la lune d'ailleurs déjà sur son déclin,
et nous menaçaient d'une forte pluie. M'étant
assuré, en faisant le tour du camp, que les sentinelles étaient à leur poste, je me recouchai
sur mon tapis, ayant la tête appuyée sur la
selle de mon baudet en guise de coussin. Depuis
une heure j'étais dans une insomnie inexprimable, lorsque soudain j'entendis la détonation

d'une dizaine de coups de fusil, précédée de toutes sortes de cris de guerre effrayants, qui semblaient sortir du fond des enfers.

C'étaient les Nouair qui venaient de s'approcher à travers les herbes, sans avoir été aperçus par nos gardes ; et, nous croyant tous endormis, ils fondirent sur nous en poussant pour nous effrayer leurs redoutables cris de guerre. Mais les douze coups tirés spontanément à leur approche les surprirent tellement, qu'ils cessèrent de crier. Les croyant déjà parmi nous, et que c'en était à jamais fait de moi, je donnai un coup de poing à Théodoro et à son frère, étendus à mon côté, pour les réveiller.

Je sautai aussitôt sur la caisse de la poudre que j'ouvris, en accumulant à l'entour tous les objets qui me tombaient sous la main, afin d'être prêt à y mettre le feu à la dernière extrémité, pour sauter et nous ensevelir avec les nègres dans les décombres. Ayant aperçu plusieurs de mes hommes qui s'armaient, j'en fis autant ; la trompette sonna, et bientôt nous fûmes rangés en demi-cercle autour de nos effets, bien décidés à faire payer chèrement notre vie. Les nôtres poussèrent des cris de guerre et d'encouragement : *Ana, akhou-el-banat* (moi frère des jeunes filles) ; cris qui firent aussitôt rentrer les nègres dans un profond silence. Cependant ce silence se prolongeant trop et nous tenant dans l'inquiétude, nous leur envoyâmes au hasard quelques balles, pour les faire sortir du milieu des hautes herbes où nous pensions qu'ils s'étaient cachés.

N'entendant aucun bruit, je fis éparpiller mes hommes par groupes de deux ou trois personnes avec ordre de se porter en avant de quelques pas. Théodoro et moi, nous nous dirigeâmes d'un autre côté, l'œil au guet et attentifs plus que jamais, cherchant à découvrir à travers l'obscurité quelques ombres humaines. Notre attente ne fut pas longue, car les nègres avaient eu la même idée en s'éparpillant pour fondre sur nous.

Dans ce moment d'émotion inexprimable, une dizaine de lances vinrent tomber à côté de Théodoro et de moi ; avec la promptitude de l'éclair nous tirâmes dans la direction d'où elles étaient parties. Nos coups étaient à peine lâchés, que nous en entendîmes sept autres tirés par nos gens cachés dans les herbes, qui furent précédés d'un bruit de *tiape*, occasionné par les lances que lançaient au hasard les nègres contre nous.

Comprenant que leur crainte égalait au moins
la nôtre, et qu'il n'était pas prudent de prolonger
une défense trop chanceuse, je me retirai auprès
de nos effets, en leur laissant croire que nous
étions au même poste et à leur affût. Ensuite je
donnai un léger coup de sifflet, pour avertir mes
hommes de rentrer en silence, ce qu'ils exécutè-
rent; puis je leur prescrivis de s'asseoir et de rester
sur le qui-vive pour être prêts à tout événement.
Il se fit pendant une heure un silence complet,
puis nous entendîmes dans le lointain le bruit
des pas des nègres, qui s'étaient décidés à la
retraite. Mes forces étaient épuisées; accablé de
sommeil, je défendis à mes hommes, qui avaient
pris déjà un peu de repos, de dormir pendant
que j'allais me reposer, et aussitôt je m'endormis
d'un profond sommeil, quoique le moment ne
fût pas très propice.

Le lendemain 18 avril, nous allâmes visiter
l'emplacement foulé pendant la nuit précédente
par ces nègres : nous jugeâmes, aux piétinements
faits dans les herbes, qu'ils pouvaient être au
nombre d'un millier; tous avaient disparu du
côté du nord vers leur morrah (parc à bœufs).

Tranquilles au moins pour quelques heures,

nous songeâmes à restaurer nos estomacs affamés et délabrés, mais nous n'avions pour cela d'autres ressources que la chasse, qui est abondante sur le fleuve Blanc, dans le pays des Faouer surtout; aussi nous eûmes bientôt tué trois antilopes, qui furent tout de suite dépecées et mises sur la braise. Notre appétit satisfait, et las de séjourner dans ce lieu inhospitalier, nous songeâmes à nous créer un abri contre la pluie qui aurait fini par gâter nos munitions et nos effets, et aussi endommagé nos armes, car les nègres savent très bien qu'elles ne partent pas quand elles sont mouillées.

A cette fin, tous indistinctement, nous nous mîmes à couper des joncs et de l'ambaj (espèce de bois léger), avec lesquels, à la fin de la journée, nous avions construit vingt-huit huttes. Dans la prévision de recevoir une autre visite des Nouair, nous nous préparâmes à leur faire bon accueil, mais heureusement nous fûmes privés pour cette fois de leur présence.

A dix heures, deux hippopotames étaient sortis du fleuve à vingt pas de nous, Théodoro et moi nous les approchâmes à dix, et nous leur envoyâmes chacun une balle qui les fit rouler à

terre et rentrer d'un bond dans le fleuve; ils
furent grièvement blessés. Rentrés au camp,
nous nous étendîmes sur nos tapis sans autre
aventure.

19 avril, à onze heures du matin, il arriva du
sud deux barques de M. Lafargue, commandées
par son oukil, nommé Soliman-Abou-Zeit, qui
nous prêta du grain pour nos hommes.

N'ayant pu prendre toute notre caravane dans
ses barques jusqu'au Mouchrat, il se chargea
seulement de moi et de toute ma provision
d'ivoire. Je partis donc avec lui dans l'espoir de
retrouver bientôt mon frère, je me proposais
d'envoyer au plus vite prendre mes hommes,
que je quittai à quatre heures.

Au moment où nous partions, je vis de l'autre
côté de la rive du fleuve un grand nombre d'antilopes, suivies par une trentaine de nègres Rich,
avec leurs chiens qui n'apparaissaient que de
temps à autre sur les *gantours* (éminences de terre
faites par les fourmis blanches). Le terrain n'étant
plus assez spacieux pour contenir ces animaux,
le fleuve en fut aussitôt couvert. Comme ils le
traversèrent de notre côté, nous en prîmes trente
des plus jeunes qui, en arrivant à terre, étaient

harassées de fatigue. Ce n'était plus un troupeau, mais une nombreuse réunion de troupeaux, comptant au moins cent mille têtes sans exagération, chose que j'aurais regardée vraiment comme incroyable, si je ne l'avais vue de mes propres yeux! ces antilopes couvraient une étendue de trois lieues environ de circonférence. Les nègres en prirent plus de cent. Je ne partis donc qu'à cinq heures et demie avec Soliman-Abou-Zeit, emmenant tout mon ivoire. Nous fîmes voile pendant toute la nuit, emportés par le courant et le vent du sud.

Le 20 avril, à dix heures du matin, la barque s'arrêta. Il s'y trouvait des chasseurs qui avaient aussi des carabines à éléphants; six d'entre eux se transportèrent à cinq cents pas dans le bois, où de leur barque ils avaient aperçu des éléphants. Ils en tuèrent trois et revinrent une demi-heure après. Il leur fallut passer le reste de la journée pour extraire les défenses de leur proie; je fus très contrarié de ce retard. Cependant, pressé de continuer mon voyage, sachant que j'avais laissé tout mon monde sans vivres, je priai Soliman de me prêter sa chaloupe qu'il monta de quatre matelots pour me conduire avec mon ivoire jusqu'au lieu de ma destination. Ce voyage était vraiment bien hasardeux, parce que les nègres, qui ont aussi de petites barques, en nous voyant en si petit nombre, pouvaient nous attaquer et nous massacrer; mais nous confiant à la garde de la Providence et comptant sur l'obscurité, nous fîmes voile et force de rames durant toute la nuit.

Le matin du 21 avril, nous nous arrêtâmes à la pointe du jour, pendant cinq minutes, sur une petite plage, où nos quatre matelots firent leur prière. Nous partîmes une heure après, le soleil étant déjà au-dessus de l'horizon, et nous arrivâmes à Gourza-el-Keillab, d'où j'aperçus tout à coup à un détour une chaloupe que je reconnus de suite pour être la nôtre. Je vis ensuite deux de nos matelots. Je les abordai pour leur demander comment ils se trouvaient là; ils me répondirent qu'ils y étaient depuis trois jours avec quatre chasseurs de mon frère Ambroise, et qu'ils chassaient les éléphants. Ils en avaient déjà tué six. J'appris de ces chasseurs que mon frère était au Mouchrat-Elliab, je leur souhaitai bonne chasse et nous continuâmes notre navigation.

A dix heures, j'aperçus une voile qui remontait et que je reconnus pour nous appartenir. Elle était tirée à la corde par douze matelots. Mon frère et mon père, qui l'année précédente étaient venus de la Savoie pour nous voir, étaient tous les deux sur le devant du *moqad* (chambre) et me regardaient, ne s'attendant nullement à me voir arriver seul. Je les eus bientôt rejoints, et après les avoir embrassés avec effusion de cœur, je me hâtai de leur raconter mes aventures pour les tirer de la surprise et de l'inquiétude que ma présence subite leur avait causées; puis je donnai quelques bouteilles d'eau-de-vie aux matelots qui m'avaient amené. Ils conduisirent ensuite leur barque jusqu'au Mouclirat pour y attendre le grande barque. Après nous être restaurés, nos matelots reprirent la corde de la dahabiéch, pour continuer leur marche. Nous nous hâtâmes ensuite d'expédier au Faouer notre nègre, pour ramener la caravane que j'y avais laissée. A cinq heures, nous arrivâmes au Gourza-el-Keillab, où était amarée notre chaloupe.

Le 23 avril, ayant l'intention de chasser pendant quelques jours dans la localité où nous

venions d'arriver, nous fîmes appeler les Nouair-
Elliab, qui avaient dans le voisinage un petit
village placé sur un lieu élevé, au milieu des
marécages, et nous leur fîmes des cadeaux afin
qu'ils nous aidassent à trouver les éléphants.
Bientôt quatre nègres partirent à leur recherche, et à midi ils furent de retour poussant
devant eux une dizaine de ces animaux, qu'ils
rabattirent près de notre barque, en poussant
des cris.

Quoique nous n'eussions avec nous que quatre
chasseurs peu habiles, car le jour précédent les
plus capables étaient allés chasser sur l'autre
rive, nous arrivâmes, mouillés jusqu'au cou, à
à travers les marais à portée des éléphants qui
s'y trouvaient. Nous tirâmes sur deux sans les
abattre. Trois fois ils essayèrent de fuir, et trois
fois ils furent retenus par le cris poussés par les
nègres, qui s'étaient placés derrière eux de distance en distance, en sorte qu'à la seconde et
troisième décharge, nous parvînmes à en abattre
deux.

24 avril, ce jour, comme le précédent. les
nègres nous rabattirent encore huit femelles.
dont trois avaient leurs petits. Ayant pénétré

avec nos mêmes chasseurs à travers les hauts
joncs jusqu'auprès d'une femelle isolée, qui avait
son petit près d'elle, nous la tirâmes. A peine
l'explosion eut-elle eu lieu, qu'elle nous chargea;
alors nous nous jetâmes les uns d'un côté, les
autres de l'autre, afin de nous soustraire à sa
fureur. Un seul chasseur, appelé Omar, distrait
sans doute, resta au même point d'où nous avions
tiré. L'éléphant qui, suivant son habitude, arri-
vait droit vers le point de l'explosion, l'aperçut,
le saisit avec sa trompe, le souleva et le déposa
à terre pour le fouler à ses pieds. Fort heureusement que le chasseur sut conserver sa présence
d'esprit, et qu'il se réfugia sous le ventre du
petit de cette femelle, mais celle-ci le reprit
bientôt; il évita encore une mort certaine en se
réfugiant de nouveau sous le ventre du petit,
mais il en fut encore enlevé par la mère devenue
furieuse; il allait être broyé, mais pendant cet
intervalle, nous avions eu le temps de recharger
nos armes, et au moment où l'éléphant tenait
notre malheureux compagnon suspendu, nous
lui envoyâmes une décharge qui l'étendit roide
mort. C'est ainsi que notre homme fut sauvé,
mais il avait entièrement perdu connaissance.

Quant au petit éléphant, il s'écarta de quelques
pas et fut immédiatement rejoint par les autres
femelles, qui le poussèrent devant elles tout en
fuyant. A force de soins, nous parvînmes à rappeler notre chasseur à la vie; il se montra très
satisfait d'en être quitte pour la peur. Il se releva et revint avec nous, comme si de rien
n'était, dans notre barque. Ce ne fut que le jour
suivant qu'il ressentit des douleurs qui pourtant ne furent suivies d'aucune conséquence fà-
cheuse. Depuis lors, jamais Omar ne reprit la
carabine à éléphant.

Le 25 avril, un nègre vint nous dire qu'il y
avait sur l'autre rive quatre éléphants; nous
envoyâmes nos mêmes chasseurs qui ne purent
les tuer, quoiqu'ils eussent fait plusieurs dé-
charges.

Le 26 avril, à huit heures, trois éléphants
poussés par quelques nègres, arrivèrent à notre
portée, je prescrivis alors à mes chasseurs de
m'accompagner; comme il fallait passer sur une
planche pour descendre, je trébuchai sur cette
planche et tombai à l'eau. Cette chute me parut
d'un mauvais augure, d'autant plus que ce
jour était un vendredi. Je rentrai donc dans

notre barque, laissant partir nos chasseurs, qui parvinrent, au coucher du soleil, à tuer un éléphant sur lequel ils avaient tiré pendant toute la journée, et qui, dans sa fureur, avait dévasté des huttes de pêcheurs.

Le 27 avril, nous envoyâmes encore ces mêmes nègres à la recherche des éléphants, mais ils n'en découvrirent aucun, car tous s'étaient dirigés sur le Gaouer, où ils ne purent les suivre, attendu que les Elliab sont en guerre avec cette tribu.

Les marais qui produisent le *souteb* (graine de papyrus) attirent les éléphants, qui y séjournent des mois entiers pour brouter l'herbe et manger ces graines dont ils sont très friands.

Le 28 avril, nos chasseurs, qui depuis quelques jours étaient sur l'autre rive, revinrent sans avoir rien tué. Ils n'avaient aperçu que des traces anciennes d'éléphants. Ils faillirent même avoir quelques démêlés avec les indigènes.

Le 29 avril, ayant passé toute cette journée en vaine recherche d'éléphants, nous résolûmes d'aller plus bas au Mouchrat-Gaouer, pour delà nous rendre sur le Bahar-Zéraf, où nous espé-

rions faire une bonne chasse. Au moment du
départ, vers cinq heures, nous prîmes le petit
d'un hippopotame que nous venions de tuer;
entraînés par le courant du fleuve, nous arrivâmes en deux heures et demie au Mouchrat-
Elliab, où nous passâmes la nuit.

Le 30 avril, vers les trois heures du matin,
arriva du Faouer notre *néger* (barque de marchandises) avec tout notre monde que j'avais
laissé en arrière quelques jours auparavant. Ils
avaient tué, en descendant, trois beaux éléphants
mâles, ayant chacun un quintal et demi d'ivoire.
Ils avaient aussi prix deux hippopotames, que
nous plaçâmes avec le petit que nous avions,
dans un large fossé que nous creusâmes profondément tout près de notre barque en le remplis-
sant d'eau. Des nègres furent chargés de nous
apporter pour leur nourriture du lait qu'ils nous
firent payer passablement cher, parce qu'ils
savaient que nous tenions beaucoup à la con-
servation de ces amphibies. Jusque-là aucun
équipage n'avait pu s'en procurer; ce ne fut que
cette année, où les eaux se trouvaient excessivement basses, qu'on put en prendre une cinquantaine.

A dix heures on nous apporta une dent pesant soixante livres, pour laquelle on nous demanda vingt bracelets en cuivre, vingt *molots* (petites pelles), vingt lances, un paquet de *mandjour* et quelques autres petites coutelleries. Compte fait, nous vîmes que ce prix dépassait celui que l'on en aurait donné au Caire. Elle fut achetée par un oukil (représentant) d'un marchand arabe.

Pendant le dîner, je demandai à Théodoro si nos porteurs des Rol, qui nous avaient accompagnés jusqu'à Faouer, étaient partis le même jour que je l'avais quitté. Il me répondit affirmativement et qu'ils avaient profité de l'obscurité de la nuit pour traverser la contrée occupée par la tribu des Faouer, où ils n'auraient pu passer de jour sans être vus des Nouair qui ne les auraient par épargnés. Il me dit aussi qu'après mon départ il avait reçu la visite de Bindj-lui-Tok, chef des Faouer, accompagné de cent hommes. Les Nouair l'avaient forcé à se retirer plus au sud, à Hellet-Bakhita.

A deux heures de l'après-midi, nous laissâmes une barque et quelques hommes pour garder nos hippopotames, et nous descendîmes jusqu'au

Mouchrat-Gaouer, où nous arrivâmes une heure après. Aussitôt Carlino et tous les chasseurs partirent pour Bakar-Gaouer. Théodoro, mon frère et moi, nous trouvant un peu indisposés, ne pûmes les accompagner.

Le 1er mai, à neuf heures du matin, suivi de Théodoro, tout convalescent qu'il fût, j'allai à la chasse aux francolins. J'en tuai dix, et vingt pintades, et comme je me disposais à revenir, je vis quatre buffles à cent cinquante pas environ de nous. Comme nos matelots manquaient de viande, j'envoyai le domestique qui m'avait suivi prendre à notre barque une carabine. Il m'en apporta deux rayées, d'un calibre 14, chargées sans doute depuis longtemps, ce qui fut cause qu'il ne partit qu'un seul coup, qui atteignit bien l'un des quatre buffles qui broutaient l'herbe à quelques pas de nous. Seulement blessé, il vint à nous avec ses cornes menaçantes. Ne pouvant pas abandonner Théodoro, que son état de souffrance empêchait de fuir, je le poussai sur un *gantour* (éminence de terre fait par les termites), couvert de plantes épineuses, et m'y réfugiai d'un bond au moment même où le buffle allait m'enfoncer ses cornes dans le dos.

Il s'élança alors au pied de ce gantour, en essayant d'y monter; il y serait parvenu, si à l'instant même il n'eût reçu derrière l'oreille une balle que lui envoya notre raïs Oued-Khalled qui, ayant vu le danger, était accouru à notre secours. L'animal mort, nous revînmes prendre nos carabines, que nous n'avions pu emporter en nous retirant sur cette élévation. Ayant rechargé mon arme, je me dirigeai avec le raïs vers les autres buffles qui n'étaient pas loin; une heure après ils étaient morts, et nous emportions une partie de leur chair vers la barque, qui n'était qu'à un quart d'heure de là.

2, 3, 4, 5 mai, il ne se passa rien d'extraordinaire.

Le 6 mai, à neuf heures du matin, comme nous étions à chasser dans les marais, nous aperçûmes un petit hippopotame seul; nous l'eûmes bientôt pris sans être aperçus de sa mère. Comme nous nous disposions à remonter pour placer notre nouvel amphibie avec les autres, nous entendîmes quelques coups de fusil tirés dans l'intérieur. Pensant que ce pouvait être nos gens qui revenaient de Gaouer, nous retardâmes notre départ, et une demi-heure

après Carlino et les siens arrivèrent, qui, après
avoir chassé inutilement sur les deux rives du
Zéraf pendant quelques jours, n'avaient aperçu
aucun éléphant. Le manque d'eau les empêcha
de pénétrer plus avant dans l'intérieur. Tous
étant descendus dans la barque, nous déployâmes
la voile pour remonter au Mouchrat, où étaient
nos hippopotames, et où nous arrivâmes à quatre
heures de l'après-midi.

Le 7 mai, nos hippopotames étaient devenus
tellement familiers, que nous les laissâmes entrer dans le Kyr (fleuve Blanc), d'où ils ressor-
taient, après y avoir pris leurs ébats pendant
quelque temps, pour rentrer dans leur réservoir.

Le 8 mai, nous nous préparions à aller chasser
plus haut à Gourza-el-Keillab, lorsque Ibrahim-
Baz et plusieurs autres commerçants arrivèrent
du sud et nous donnèrent la fâcheuse nouvelle
du massacre de Cheikho par les Bohr. Ils nous
dirent que tous les nègres étaient en rébellion.
A cette nouvelle, nos serviteurs armés, craignant
le sort de Cheikho, se refusèrent formellement,
malgré toute démonstration, à partir pour Abou-
Kouka, où Ibrahim-Baz nous avait dit qu'il se

trouvait beaucoup d'éléphants, et où nous voulions les envoyer. Sur leur refus d'obéir, nous
leur enlevâmes nos armes, et, ne pouvant les
abandonner au milieu des nègres, nous payâmes
Ibrahim-Baz pour qu'il les ramenât dans sa
barque à Khartoum. Il partit le 9 mai, et, avec
les hommes qui nous étaient restés soumis, nous
formâmes deux petites troupes, dont une se dirigea à quelques heures plus haut vers la Gourza
(grand détour du fleuve) pour y chasser, et nous
descendîmes avec l'autre, moins nombreuse, et
de laquelle faisaient partie Théodoro, son frère,
Ambroise et moi, vers la tribu des Chellouk.

Une heure après notre départ, nous nous
arrêtâmes au Mouchrat-Gaouer, à côté de la
barque d'un trafiquant arabe, pour laisser passer
un fort orage dont nous étions menacés. L'orage
ayant cessé, et comme nous allions continuer
notre route, nous vîmes arriver de l'intérieur
une quinzaine de personnes appartenant à ce
trafiquant, qui venaient d'avoir une discussion
avec les Nouair-Gaouer.

Voici un fait que je signale comme ayant été
le premier de ce genre, car jusqu'alors aucun
trafiquant n'avait eu la pensée de faire des

esclaves. Ce descendant du Prophète était chez les Gaouer depuis un mois environ, vivant en très bonne harmonie avec les indigènes. Dans cet intervalle, il avait échangé des verroteries contre les dents qu'il avait pu trouver à acheter, et il se préparait à descendre vers sa barque, lorsque par sa faute ou par celle des indigènes, c'est ce que j'ignore, ceux-ci se préparèrent à l'attaquer. Un chef chez qui il avait habité pendant son séjour lui amena ses femmes, ses parents, pour porter ses effets, en l'engageant à partir aussitôt, qu'il le conduirait à travers les forêts, sans être vu des indigènes, jusqu'à sa barque. Ces noirs, s'étant en effet chargé de ses bagages, partent pendant la nuit, et, au prix de mille fatigues, ils arrivèrent au fleuve à cinq heures et demie le lendemain, au moment où nous partions. A quinze jours de là, je revis ce trafiquant, et j'appris positivement par ces gens qu'il gardait en esclavage les femmes et les parents de son libérateur. Celui-ci ne dut sa liberté qu'à sa vieillesse, il ne valait même plus quelques piastres.

Cet acte infâme et des plus inhumains s'est depuis reproduit plusieurs fois, et c'est aujour-

d'hui la honte de bien des marchands de s'être
livrés à ce triste trafic des esclaves. Ceux des
noirs qui ont été assez heureux pour échapper,
ont quitté les bords du fleuve Blanc et sont
allés établir leur demeure sur le canal de
Thuidj.

En 1864, au mois d'avril, trois barques passaient devant nous à Abou-Kouka. A leurs
allures peu rassurantes, nous comprîmes qu'elles
portaient de malheureux esclaves. Les ayant en
vain sommées de s'arrêter, je descendis dans
notre chaloupe avec quelques hommes et mon
frère pour aller les rejoindre, et ayant trouvé
vingt et une têtes d'esclaves du village de Kam-
chir, nous forçâmes ces barques d'aborder, et
nous prîmes de force ces malheureux que, pour
cette nuit, nous plaçâmes dans nos huttes. Le
lendemain, après les avoir restaurés, nous les
fîmes escorter jusqu'à leur village par Djikouc,
chef d'Abou-Kouka. Quinze jours après, ayant
eu occasion de passer dans ce village, les habitants nous prouvèrent leur reconnaissance en
nous faisant fête toute la nuit.

Ce brigandage d'esclaves est si général, que
la réputation des trois ou quatre Européens qui

font le commerce de l'ivoire dans ces contrées
en a été atteinte. Eux aussi, on les accuse de
s'adonner à cet odieux trafic ; mais moi, qui
connais la vérité des faits je puis dire ce qu'il
en est.

Il faut d'abord savoir que le plus souvent l'on
est obligé d'employer des gens à gage pour les
expéditions commerciales, et en l'absence ou à
l'insu du maître, il est arrivé que ces serviteurs,
encouragés par l'ignorance où l'on était de leur
conduite, ont pris des esclaves et les ont vendus
sous pavillon européen. Dans ce cas, le maître
qui se trouvait à Khartoum, ou plus loin, était-il
coupable ? Il ne peut faire autre chose que de
faire punir les coupables à leur retour de l'expédition pour que de tels actes de barbarie ne se
reproduisent plus.

Voici un fait qui prouvera que l'on ne peut
pas toujours compter sur la fidélité des domestiques.

J'ai dit précédemment que nous avions délivré à Abou-Kouka vingt et un esclaves que nous
plaçâmes momentanément dans nos huttes.
N'ayant, ni mon frère ni moi, reconnu par nous-
mêmes ce nombre, nous nous en rapportâmes

au rapport de notre oukil, de l'interprète et de
l'écrivain. Les deux premiers fixèrent le nombre
des nègres à dix-huit; ce dernier dit ne pouvoir
le préciser. Mais le lendemain, au départ des
esclaves pour leur destination, nous sûmes par
hasard que l'oukil et l'interprète en avaient
caché trois dans le voisinage. Ce méfait étant
découvert, nous fîmes revenir ces trois malheureux, qui étaient trois garçons et une fille, pour
les réunir à leurs compagnons, qui n'attendaient
plus qu'eux pour partir; après quoi nous fîmes
administrer aux deux coupables la punition en
usage dans le pays, c'est-à-dire une bastonnade.
On voit que si par malheur nous n'avions pas
fait cette découverte, et que ces trois enfants
fussent arrivés à Khartoum, ils auraient pu dire
avec quelque raison que c'était nous-mêmes qui
les avions enlevés, sous prétexte de les délivrer,
pour en tirer profit.

Un docteur de Berlin, **M. Hartmann**, passa à
Khartoum, après la mort d'un comte prussien
qu'il venait d'enterrer en passant à Rosserés. Il
était lui-même très malade; il resta à Khartoum
pendant huit jours dans un complet état d'agonie,
et fut ensuite porté ainsi dans une barque qui,

par les hautes eaux, le transféra au Caire. Arrivé à Berlin complètement rétabli, il publia un ouvrage en allemand sur les pays qu'il avait visités moribond ; bien plus, il parla du fleuve Blanc, quoiqu'il n'eût vu que son embouchure, et dans un de ses passages il a eu la témérité, sans doute d'après les faux renseignements par lui recueillis, d'avancer que les frères Poncet avaient fait piller la tribu des Nouairs. Cette assertion hasardeuse de sa part est dépourvue de toute vérité, parce que l'on a dû voir de quelle manière s'est passé et terminé notre différend avec les Nouairs.

19 mai. Depuis le 9 mai jusqu'à ce jour, nous chassâmes le long de la rive du Kyr tout en descendant ce fleuve. Vers le lever du soleil, nous passâmes l'embouchure du Bakar-el-Gazal, mais une forte pluie nous obligea à nous arrêter deux heures plus bas. Là nous trouvâmes un éléphant mort et arrêté au bord du fleuve. Un de nos hommes s'étant assuré qu'il avait encore ses défenses, nous nous mîmes à l'œuvre pour les arracher. Nous trouvâmes aussi trois fers de lance dans son corps, ce qui sans doute avait occasionné sa mort. La pluie ayant cessé, nous

continuâmes notre navigation vers le nord, étant poussés par le vent du sud. Le 20 mai, nous étions à l'embouchure du Bahr-Zéraf, où nous rencontrâmes le fakir Mohammed-Kher, faisant la chasse à l'éléphant avec des chevaux. Nous y trouvâmes aussi Ibrahim-Baz prêt à continuer sa route pour Khartoum. Des quatre hippopotames que nous lui avions confiés au Mouchrat-Elliab, il n'en restait plus qu'un. Mohammed-Kher, qui jusqu'alors nous avait inspiré toute confiance, nous proposa de chasser ensemble et de partager ensuite le produit, lui pour un tiers, et nous pour les deux autres, proposition que nous acceptâmes, attendu qu'il connaissait les lieux et les forêts voisines.

Le 21 mai, à quatre heures du matin, notre société, guidée par quelques Chellouk, se mit en marche à travers ces plaines immenses que coupe vers son embouchure le Zéraf. A midi, accablée de fatigue, elle se reposa sous un gros buisson de dakkar, sans avoir encore aperçu aucun éléphant, mais beaucoup de traces. A deux heures, les trois cavaliers Baggara étant de retour d'une reconnaissance avancée qu'ils firent sans résultat, nous rétrogradâmes, et à la tombée de la nuit, nous regagnâmes nos barques.

Le 22 mai, selon ce qui avait été convenu avec notre associé, nous descendîmes en barque à deux heures plus bas.

23 mai, course inutile.

24 mai, après avoir traversé alternativement des forêts de tallah et des petites plaines, nous découvrîmes vers les dix heures, couchés dans une mare d'eau, où ils se vautraient, deux éléphants. Arrivés à portée du tir, nous faisons feu ; tous deux se relèvent pour retomber, cinq minutes après, sous les coups de lances des Baggara. Après avoir disposé de quelques hommes pour arracher leurs défenses, nous poursuivîmes plus avant nos recherches jusqu'à midi, et n'ayant trouvé que des girafes et des buffles, nous revînmes sur nos pas, emportant les défenses qui pesaient cinquante livres chacune.

Les 25, 26, 27 et 28 mai furent des journées sans résultat, si ce n'est que nous tirâmes quelques buffles et girafes pour notre nourriture.

Le 29 mai, M. de Malzac, venant d'arriver du sud, voulut bien prendre dans sa barque notre cargaison d'ivoire, et se chargea aussi de mon frère Ambroise, qu'une fièvre ordinaire obligeait de se rendre à Khartoum. Ils partirent vers midi, me laissant seul avec Théodoro et son frère.

Le 30 mai, à 10 heures, nous trouvâmes onze éléphants mâles, dont six furent tués dans l'espace d'une heure, à l'aide des Baggara à cheval, qui nous ramenaient les éléphants qui essayaient de fuir. Les cinq autres, pressés par les cavaliers, se jetèrent à la nage dans le fleuve, et le repassèrent bientôt à la vue d'une quantité de nègres, qui les empêchèrent d'aborder sur l'autre rive.

A peine furent-ils à terre, que nous les attaquâmes de nouveau ; les trois cavaliers en tuèrent deux, et les trois autres tombèrent sous nos balles. Nous dûmes passer toute la nuit pour extraire leurs défenses, opération aussi longue que difficile.

Le 31 mai, tout en nous reposant, nous nous préparâmes à partir pour une longue excursion.

1er juin, mule et baudet étant chargés d'eau et de quelques provisions, nous nous mîmes en marche à l'aube du jour. Après avoir traversé quatre forêts de tallah et quatre plaines, nous entrâmes dans une forêt de hégliks. A midi, la chaleur était excessive, nous fîmes halte jusqu'à deux heures pour reprendre notre marche dans la direction d'un étang qu'avaient indiqué nos guides Chellouks, où nous arrivâmes à cinq heures.

Nous fûmes très étonnés de trouver une flaque d'eau d'environ 200 mètres de circonférence, entourée de magnifiques acacias. Cette vue m'avait tellement flatté, qu'elle me fit oublier ma fatigue, je pris mon fusil et je fis le tour de cet étang; dans mon trajet d'un quart d'heure, je tuai cinq canards et dix francolins. J'aurais pu tirer aussi une centaine de pintades qui se réfugient vers la tombée de la nuit sur les arbres. Ayant remis le tout à mon cuisinier, je m'allongeai sur mon tapis, et là, fumant ma pipe, je me laissai aller à cette rêverie charmante dont on ne peut mieux jouir dans aucune autre contrée que dans celle-ci. Si dans ces lieux lointains, ignorés de l'Europe, le danger plane incessamment sur nos têtes, n'en sommes-nous pas récompensés par ces moments calmes, pleins de rêves et de douce poésie que nous offre cette étrange, luxueuse, primitive et solennelle nature.

Là, plus que dans les riches temples de l'Europe.
la pensée se reporte vers Dieu ! Ce délicieux et
solennel délire est-il autre chose qu'un hommage
continuel que l'homme rend à son Créateur?

Le 2 juin. Les éléphants ne vinrent point boire
pendant la nuit, comme nous l'avions présumé.
nous ne vîmes que des girafes, des rhinocéros.
des buffles et des antilopes, que nous n'inquié-
tâmes nullement; puis à six heures du matin.
laissant sur les bords de l'étang les objets
les plus lourds, sans crainte qu'ils fussent.
dérobés, car jamais être humain ne devait
avoir passé par là, nous nous portâmes plus
en avant en marchant jusqu'à dix heures sur
des traces faites par les éléphants pendant le
kharif. A onze heures, nous découvrîmes trois
grands mâles, et nous étant abrités cette fois non
sous un sycomore ou un tamarinier, comme dans
les belles contrées des Rol et des Reich, mais
sous un héglig qui produit peu d'ombre, je m'a-
vançai sans bruit avec trois chasseurs, en
ordonnant aux trois Baggara de n'avancer que
lorsque nous aurions fait feu. Nous trouvant à
portée de ces éléphants, trois de nos chasseurs
lâchèrent leurs coups sur un et trois sur l'autre.

qui les étendirent morts. Le troisième qui nous venait sus, fut arrêté par les coups des trois Baggara. Après avoir fait le *mégil* (repos de midi), nous travaillâmes jusqu'à deux heures à l'extraction des défenses de nos trois éléphants; puis au soleil couchant, nous retournâmes passer la nuit sur les bords de l'étang dont il a été question, après nous être bien réconfortés avec des charmouts (lanière de viande d'éléphant).

Le 3 juin, dans la crainte de nous égarer en nous portant plus en avant que le jour précédent, nous revînmes vers nos barques, dans l'espoir encore de rencontrer quelques autres éléphants. Deux ans plus tard, nous apprîmes que, si nous nous étions portés à trois ou quatre lieues au plus dans l'intérieur de la forêt, en partant du point où nous avions tué les trois gros éléphants dont nous venons de parler, nous aurions trouvé un grand étang aux environs duquel se tenaient depuis un temps immémorial d'immenses troupeaux d'éléphants. Nous y allâmes en 1862, en partant de la rive droite du Zéraf, à cinq heures de son embouchure. En quinze jours nous tuâmes soixante-dix éléphants mâles et femelles.

Ce lieu étant plat, permet aux chasseurs de le parcourir à cheval, car les Baggara Selem ne peuvent pas tuer les éléphants dans une forêt un peu touffue.

Le 4 juin, plusieurs Chellouks qui avaient traversé de la rive gauche sur la rive droite où nous étions avec leurs troupeaux, vinrent en courant nous dire que les Nouair du Bahr-Zéraf, arrivaient sur eux pour prendre leurs troupeaux. Mohammed-Kher qui tenait beaucoup aux Chellouks, se porta tout de suite avec ses gens dans l'intérieur; pour moi et mes gens, nous restâmes neutres. Une demi-heure après j'entendis plusieurs détonations, et, à leur retour, ils me dirent n'avoir vu aucun Nouair et qu'ils avaient seulement tiré en l'air pour les épouvanter.

Le 5 juin. Pour cette fois, je restai dans ma barque et j'envoyai mes gens et ceux du Faqui à la chasse pour deux ou trois jours. Le soir arriva Abd-el-Hamid, qui me dit avoir perdu chez les Djak du Bahr-el-Gazal, dix-huit hommes, qui avaient été égorgés pendant la nuit.

Le 6 juin, vers midi, tous nos hommes revinrent plus tôt qu'ils ne devaient, alléguant pour excuse que les gens de Mohammed-Kher, s'étaient refusés à aller plus loin. Indigné de cette désobéissance, je fis enlever ma tente qui était plantée devant ma barque, et je partageai avec le Faqui notre ivoire, puis nous descendîmes plus bas pour entrer dans le Saubat, où nous espérions trouver, en le remontant, les animaux que nous cherchions; et, comme le temps était calme, nous passâmes la nuit sur l'ancien camp turc.

Le 7 juin, cette journée fut employée à remonter à la corde le Saubat, et vers les cinq heures, un vent d'ouest poussa notre barque plus haut à l'endroit que nous avions fixé pour faire halte.

Le 8 juin, après avoir fouillé sans guide les forêts de la rive gauche, nous revînmes passer la nuit en face, sur la droite. Le 9 juin, nous tuâmes sept femelles d'éléphants dans une forêt de tallah. Le 10 juin, n'ayant rien trouvé pendant toute une journée d'excursion, je résolus de descendre à la rame vers Khartoum; les pluies étaient déjà commencées. Après deux heures de navigation, nous vîmes sur la rive gauche un éléphant, que nous tuâmes de trois balles. Une de ses défenses pesait cent trente-six livres et l'autre cent cinquante ; elles furent même arrachées pendant l'obscurité de la nuit. Le 11 juin, nous fîmes voile sur le fleuve Blanc par un bon vent du sud, qui nous fit faire trois lieues à l'heure. Le 12 juin, pendant tout le jour et toute la nuit, il tomba une pluie fine, nous marchâmes bon train. Le soir nous eûmes un orage sans nom. La barque, quoique étant à l'ancre au milieu du fleuve, ne faisait que pirouetter, tant elle était agitée par le vent qui changeait constamment. Nos matelots furent obligés de se mettre à l'eau, qui fort heureusement n'était pas profonde en cet endroit, pour fixer et appuyer l'ancre. Pendant cinq minutes le raïs ne cessa d'implorer Khodjelli et Setty-Zenab, Gaffirat, Massere. Une demi-heure après, l'orage cessa et le vent du sud recommença avec force. Ce sont là de tristes moments, surtout parce que l'on ne peut approcher des rives, car les habitants profiteraient assurément de la circonstance pour attaquer les embarcations. Le 18 juin, nous arrivâmes à Oued-Chellaï, où le kharif ne s'était nullement fait sentir.

Enfin, le 19 juin, j'entrai à Khartoum en tirant quelques coups de fusil, selon l'usage, en guise de salut; là j'eus la satisfaction d'embrasser mon frère qui s'était bien rétabli.

Après quinze jours de repos, je partis de nouveau avec Théodoro et cinq autres chasseurs pour le haut fleuve Bleu où nous passâmes dix-huit mois sur les traces des éléphants, qui sont loin d'être en aussi grand nombre que sur le fleuve Blanc. Mais si la chasse n'est pas aussi abondante dans ces parages, l'on n'a pas à redouter les attaques incessantes des nègres et l'air pestilentiel des immenses marais du fleuve Blanc. Le territoire du fleuve Bleu appartient au gouvernement égyptien jusqu'à Kiri. Rosserés, qui est à trois petites journées plus bas, est un magnifique pays, plein de poésie africaine.

Le chasseur voyageur qui arriverait jusqu'à Khartoum et qui ne voudrait pas dépenser une certaine somme pour aller au fleuve Blanc, pourrait, suivi seulement d'un ou deux domestiques, aller planter sa tente sur la rive du fleuve Bleu, près Rosserés à l'ombre de la majestueuse forêt de Doums, et, s'il préférait l'ombrage ravissant des acacias, il n'aurait qu'à s'arrêter à dix minutes plus bas. Dans ces forêts même, il trouvera des gazelles et des pintades en très

grand nombre, et s'il voulait tirer des buffles,
des francolins, des lions, des panthères, des
antilopes, des girafes et même des éléphants, il
n'aurait qu'à traverser le fleuve en face de lui.
Mais si ce chasseur était désireux d'éprouver
plus d'émotions, il n'aurait qu'à continuer en
appuyant un peu sur la gauche, vers le sud, pendant quatre heures, il arriverait alors au pied
des montagnes des Ingassena (nègres insoumis)
qui sont inaccessibles. Ils viennent chaque
année, pendant le kharif, piller les villages de la
rive gauche du fleuve Bleu; les plus rapprochés
que l'on trouve sont à sept heures plus bas de
Rosserés; et c'est par ce motif qu'il n'y a pas
d'autres villages sur cette rive jusqu'à Fazogl.

A trois heures plus bas que Rosserés, on trouve
aussi un petit lac profond qui n'est jamais à sec
et reçoit, pendant le kharif (époque des pluies),
un fort torrent appelé Khor-edinia. Une horde
de Baggara Abd-el-Ouahed et quelques Abou-
Rof campent pendant la saison sèche sur les
bords de ce lac. Ils se tiennent toujours en
garde contre les Ingassena ou Tabis.

Toutes les années, pendant la saison des
pluies, le gouvernement est obligé de mettre

dans chaque village de la rive gauche, à partir
de Sennâr, depuis dix jusqu'à trente soldats
pour les préserver de l'invasion des Dinka qui
se permettent quelquefois de faire des excursions de ce côté.

Les rives du Dender, qui sont aussi belles
que celles du fleuve Bleu, offrent aussi aux
chasseurs un doux et heureux passe-temps. Vers
Kaouly, qui n'est pas éloigné de l'embouchure
de cette rivière, on trouve des rhinocéros et des
buffles ; et beaucoup plus haut, au village de
Ras-el-Fil (tête d'éléphant), des girafes en grande
quantité, des lions, et à quelques heures plus
avant, sur le commencement de Galago, des
éléphants.

Il serait par trop long de dire ici tout ce que
ces belles contrées offrent d'intéressant.

Les Baggara Selem sont bons chasseurs,
mais ils doivent se mettre au moins à deux
pour tuer un éléphant. Voici comment ils s'y
prennent : étant montés chacun sur un cheval,
ils fatiguent d'abord l'éléphant en le faisant
courir, puis l'un d'eux passe sur le devant pour
se faire poursuivre, tandis que l'autre arrive
aux jarrets de l'animal, il descend alors et avec

la plus grande promptitude, il enfonce sa lance
à dix centimètres au-dessous de l'anus, cette
lance pénètre quelquefois jusqu'au poitrail, le
manche, qui est long de trois mètres environ,
disparaît aux trois quarts dans le corps. Le coup
porté, le chasseur retire sa lance qui amène
souvent une partie des intestins. Si l'éléphant
ne tombe pas tout de suite et qu'il se retourne
contre son agresseur, celui-ci saute sur son cheval
habitué à cette manœuvre et qu'il n'a point
lâché, puis il s'enfuit pour revenir à la charge.
Parmi ces Selem, il s'en trouve quelques-uns
qui sont tellement habiles qu'ils abattent l'animal
du premier coup de lance.

Les Arabes Abou-Rof font aussi la chasse à
cheval, mais au lieu de la lance ils emploient le
sabre avec lequel ils coupent les jarrets de
l'éléphant, qui ne périt que quelques heures
après.

D'autres Arabes du fleuve Bleu chassent à
pied l'éléphant d'une manière différente. Un ou
deux hommes, munis de leur sabre, guettent un
éléphant faisant à l'écart la sieste de midi, puis
s'avançant en silence lui assènent des deux
mains un coup de sabre sur les jarrets, et s'en-

fuient à travers les buissons sans attendre le
résultat, et si l'éléphant est bien touché, il va
périr quelquefois à quarante ou soixante pas,
suivi par les chasseurs.

Le point où l'on doit viser l'éléphant est encore
une chose discutée, surtout en Angleterre. Un
seul chasseur, dans l'île de Ceylan, tue quelquefois cinq et même six éléphants, en tirant toujours au front, ce qui fait dire partout que c'est
au front qu'il faut tirer. On ignore sans doute
que l'éléphant de cette contrée n'a pas la tête
faite comme les nôtres. Celui de Ceylan a l'os
frontal mince et presque plat, tandis que l'éléphant de l'Afrique centrale l'a très épais et
convexe, de manière que la balle qui ne ricoche
pas ne peut y entrer que de quelques lignes, la
cervelle se trouve d'ailleurs très bas, en face de
la naissance de la trompe; il y a là un très petit
passage, si l'on est assez adroit pour l'atteindre,
on cause la mort instantanée de l'animal.

Nous qui avons tiré un nombre considérable
de ces animaux, en visant différentes parties de
leur corps, nous avons pu nous convaincre que
le meilleur endroit est assurément derrière
l'oreille, d'arrière en avant, et comme cette

position se présente difficilement à cause de la grandeur et de la largeur de leurs oreilles, qui en jouant cachent l'endroit précis, nous tirons ordinairement au défaut de l'épaule. De cette manière l'on a deux chances, ou l'épaule brisée ou le cœur atteint. Pendant la nuit, nous tirons toujours au milieu des jambes de devant ; c'est encore la partie la plus propice, parce qu'elle assure l'animal.

La différence des défenses fait voir d'ailleurs que les éléphants de Ceylan sont très peu développés. J'ai vu l'année dernière à Khartoum, M. Baker, fameux chasseur anglais venant de Ceylan ; il m'a dit que les éléphants de cette contrée n'avaient que de toutes petites défenses dont les plus grosses pesaient tout au plus de 8 à 10 livres ; quant à nous, nous ne tirons jamais les éléphants qui n'auraient pas de défenses pesant au moins 30 livres. Cette différence de défenses n'est pas la seule à remarquer. Elle doit aussi être en proportion avec la force physique et le développement de l'animal. Aussi ne doit-on pas s'étonner si nos éléphants reçoivent quelquefois 5 à 6 livres de plomb sans tomber, tandis qu'une seule balle tirée au front de ceux

de Ceylan les abat. Il nous est cependant arrivé
plusieurs fois d'en avoir tué d'une seule balle,
surtout depuis que nous sommes devenus chasseurs accomplis autant qu'on peut l'être ; car, à
quatre chasseurs que nous étions, nous avons
tué, en un jour, chez les Chir, vingt-huit éléphants, et une autre fois sur le Galago, pendant
une nuit obscure, douze de ces animaux.

Depuis le voyage que l'on vient de lire, et qui
a été notre début de chasse à ces animaux, nous
en avons tué plus de mille ; mais aussi, combien d'aventures curieuses ne nous sont-elles
pas arrivées !

Fixer au juste la durée de la vie de l'éléphant,
serait une chose un peu hasardeuse, je crois,
néanmoins qu'elle est de 2 à 300 ans. Un jeune
éléphant mâle, de 20 ans, n'a pas plus de 10 à
12 livres d'ivoire ; or, pour arriver à en avoir
200 livres et plus, il faut qu'il vive dix à quinze
fois plus. Le temps de gestation de la femelle
n'est pas moins hasardeux à fixer ; cependant
dix-huit mois doivent être le terme.

Beaucoup de personnes se figurent que l'éléphant ne court pas vite et qu'il est excessivement lourd dans ses mouvements. C'est une

erreur bien grande, car aucun homme, pas même les nègres ne peuvent lui échapper en plaine ; je dis en plaine, parce que dans les bois il vous perd de vue. Nous avons eu même, par le défaut du terrain, cinq chevaux de tués, trois cavaliers de morts, les deux autres étant parvenus à se sauver par l'effet de quelques circonstances inutiles à décrire.

L'éléphant court à la vérité très vite, mais il ne voit pas beaucoup. Il a l'odorat si fin que pour lui il remplace la vue. Une fois blessé, il veut être seul; est-ce lui qui fuit la compagnie, ou la compagnie le fuit-elle? C'est ce que je n'ai pu comprendre.

Les femelles se rencontrent par troupeaux isolés, et il en est de même des mâles, parfois cependant on les trouve mélangés. Les éléphants les plus âgés sont beaucoup plus rusés, ils ne se laissent jamais prendre dans les fosses que creusent les nègres. Ils tâtonnent avec leurs trompe, en marchant, si le terrain est solide. J'ai vu un petit éléphant tomber dans un fossé, être relevé par deux gros mâles.

La trace du pied du mâle, qui est ronde, diffère de celle de la femelle qui est ovale. J'ai

vu la trace d'un mâle avoir un mètre de diamètre.

S'il me fallait raconter tout ce qui est intéressant, et ce que j'ai vu dans ces pays étranges
et primitifs, je n'en finirais pas, aussi je me hâte
de terminer ce trop long récit, priant le lecteur
de me pardonner la trop grande simplicité de
mon style, et de ne pas oublier que depuis l'âge
de douze ans je vis loin de toute source d'instruction littéraire, au milieu des contrées dont
j'ai tenté de lui faire la description.

FIN